KB237088

광고
커뮤니케이션의
문화이론

광고

커뮤니케이션의

문화이론

전기순 지음

KSi 한국학술정보(주)

서 문

본서를 쓰게 된 여러 가지 이유 중 가장 핵심적인 이유는 현업에서 젊은 열정을 보내고 있는 광고크리에이터에게 직접적으로 위안을 주는 이론은 없을까 하는 설렘에서 출발하였다. 광고가 소비자에게 주는 의미는 무엇인가. 단지 상품판매를 위한 수단으로서의 역할 그 자체로 광고에 대한 의미를 함축한다면 "광고 크리에이티브의 본질적 독창성은 무엇인가? 광고아이디어는 감성 영역인가, 아니면 이성과 감성의 만남을 통한 커뮤니케이션 영역인가? 광고 크리에이티브의 학문적인 영역은 무엇인가?" 등 여러 가지 의문점은 결과적으로 본인이 스스로 학문에 대한 열정을 갖게 하였다.

이러한 의문점은 소비자에 대한 의구심이 확장됨에 따라 마케팅과 인간에 대한 본질적인 질문이 현상학적인 접근으로 이어졌으며, 광고크리에이터와 소비자와의 만남이라는 점에서 커뮤니케이션의 학문적 필요성을 느꼈다. 또한 비주얼과 언어와의 만남이라는 점에서 인지와 인식 그리고 문화의 영역에 대한 학문적인 도움을 적극 활용하여 보다 체계화하였다.

　본 연구는 발신자와 수신자의 감수성과 상상력이 가장 빠르고 깊은 차원에서 서로 만나는 지각과 인지의 장에 관하여 논한다. 현대에 들어 근대 생물학의 여러 조건적 사실을 경험의 차원에서 이해하려는 것이 설득 커뮤니케이션 이론과 같은 경험과학이다. 커뮤니케이션 일반에 있어서 이 조건은 정보처리과정으로서 이해되며 광고에 있어서는 효율적 정보를 생산하는 과정에 종속된 것이다. 인지반응모델 이론의 일반적 경향으로서 정교화 가능성 모델, 인지 일관성 이론과 인지 부조화 이론과 같은 광고연계 인지론은 인지에 있어서 주체의 수동성에 지나치게 기댐으로써 지각과 인지과정에 끼어드는 주체의 창조적 차원을 바라보지 못하게 하였다.

　소비자 주체의 창조적 차원은 현상학과 기호학적 관점으로부터 파악할 수 있다고 본다. 순수현상학은 광고와 광고 크리에이터, 광고 및 제품과 소비자 사이에서 벌어지는 지각과 인지의 과정을 구성적인 입장에서 본다. 메를로퐁티(Merleau－Ponty)의 신체현상학은 더 나아가 지각과 인지의 구성적 과정을 신체의 문제에까지 연관짓고 있다. 실제 생활세계에 있어서 소비자의 지각과 인지 그리고 신체의 관계는 점진적인 동화(Identification)의 관계에 있다. 여기에 인간의 지성과 문화일반의 차원을 첨가하는 것이 기호학이다. 기호학적 관점에서 바라보는 지각과 인지는 지각과 인지의 단순한 심리학적 촉발의 차원에 머무르지 않는다. 소비자 주체가 광고와 제품을 지각하고 인지할 때 소비자는 벌써 자신이 지닌 의미론적 관점을 투여한다. 소비자 주체가 경험한 생활세계의 모든 경험요소가 한데 모여 지각과 인지가 되는 방향을 구성시켜 준다는 것이다. 현상학과 기호학의 이론에 따르면 지각과 인지는 소비자의 생물학적 조건에 문화적 체계가 중복되어 나타나는 현상이다. 이런 이유로 커뮤니케이션의 종합적인 차원이 설명될 수 있다. 지각과 인지는 더 이상 소비자의 수동적인 차원이 아니라 생활세계의 능동적 차원을 구현한다. 정보의 의미뿐만 아니라 지각과 인지조차 상호 주관적으로 만들어지는 것이다.

광고표현의 지각과 인지의 문제는 이런 방식으로 문화적 체계에 근거하여 이해할 수 있다. 광고의 의미는 공유된 것이며 그것이 소비자와 함께 살아가는 생활세계 속에 존재하는 이상 광고는 지각적으로도 공유 가능하다. 지각과 인지가 공유 가능한 조건은 단지 시간의 문제다. 광고를 만드는 크리에이터와 이를 이해하는 소비자 사이에 의미의 문제가 공유된다면 남은 문제는 광고표현을 지각하고 인지하는 과정에 끼어드는 시간의 문제를 짧게 하는 것이다. 하버마스(J. Harbermas)와 루만(Nicholas Luhman)의 시간개념은 현상학과 기호학을 종합하는 아인슈타인의 핵심적인 사실을 지적한다. 시간을 시간이 아니라 지각과 인지 그리고 해석의 에너지로서 이해하는 것이다. 할 일 없는 이에게 하루가 길고 바쁜 이에게 시간은 짧듯이, 시간은 사물이 아니라 지각과 인지 이해과정의 에너지인 것이다.

이 시간의 에너지를 획득하는 방법으로 본 연구는 광고 크리에이터의 소비자로서의 체험을 제시한다. 광고 크리에이터는 소비자의 문화적 차원과 계층적 차원에 깊숙하게 들어가 함께 숨 쉼으로써 지각과 인지의 문제를 체화(Embodiment)시킬 수 있다. 광고와 소비자의 체계적 연계성은 수적 판단이나 전문가적 기예를 통해 일어나는 것이 아니라 생활세계에 직접 참여함으로써 이루어지는 것이다. 비트겐슈타인은 다음과 같이 말한다. "아무것도 말하지 않는…… 이 좋은 것을 예술 속에서는 말하기 어렵다." 이를 바꾸어 말하면 "광고한다고 말하지 않는…… 이 좋은 것을 광고 속에서는 말하기 어렵다."라고 할 수 있다. 광고의 침묵은 말로 표현 못 하는 침묵이 아니라 소비자에게로 향하는 귀향적인 본연의 태도를 드러낸다. 이런 의미에서 광고는 소비자 문화를 전체적으로 현실화하게 되는 것이다.

끝으로 본서를 위해 끝까지 지도와 아울러 격려해 주신 권명광 교수님과 본인의 논제에 대한 질적 수준을 챙겨주신 신항식 교수님 그리고 논문의 질을 위해 심사를 냉정하게 해 주신 이철영 교수님, 이순만 교수님, 여훈구 교수님, 용기를 준 친구 상진이와 주위 학우들, 여러 차례의 난관과 어려움이 있을 때마다 내조를 아끼지 않은 아내와 '아빠! 힘내세요.'를 외쳐준 아들 세준이와 딸 연정이에게 깊은 감사의 마음을 전한다.

전기순

목 차

제1장

서론: 광고표현과 지각의 근거에 관한 문제의 제기 • 13

1. 문제제기와 연구문제 ·· 14
2. 연구 방법론 고찰 ·· 19
3. 본서의 구성 ··· 22

제2장

광고정보처리과정으로서 인지(Cognition) 이해 • 25

1. 지각과 인지(Perception & Cognition)의 인지 과학적 이해 ···· 28
   1) 근대철학의 인식론과 지각에 대한 개관 ························· 28
   2) 근대의 인식론과 지각: 생물학과 경험과학 ····················· 35
2. 지각과 인지(Perception & Cognition)의 심리학적 접근 ········ 38
   1) 뇌신경학에 근거한 인지의 접근 ······························· 39

   2) 심리학에 근거한 인지의 접근 ·· 44

   3) 게슈탈트 심리학에서의 지각과 인지 ··································· 47

3. 광고의 지각과 인지적 효율성의 배경 ··································· 53

   1) 대중과 효율적 정보 ·· 53

   2) 설득 커뮤니케이션으로서 광고의 이론화 ························· 56

4. 광고정보 처리를 위한 이론적 경향 ······································ 59

   1) 인지반응모델의 일반론 ·· 59

   2) 인지와 태도(Attitude): 주체와 객체 ····························· 68

제3장

현상학과 기호학적 관점에서의 지각과 인지 • 77

1. 지각과 인지의 현상학적 이해 ··· 78

   1) 순수현상학적 관점 ··· 80

   2) 신체현상학적 관점 ··· 88

2. 기호학적 관점의 지각과 인지 ··· 94

   1) 퍼스의 기호분류법에 근거한 지각과 인지 ····················· 95

   2) 기호 의미론적 관점에서의 지각과 인지의 위치 ············· 101

3. 공유적 커뮤니케이션의 이론에 따른 지각과 인지 ················· 106

   1) 커뮤니케이션의 상호 작용과 생활세계 ························· 106

   2) 지각과 인지의 상호 주관성 ······································· 110

제4장

광고표현의 지각과 인지의 문화사적 위치와 소비자 반응의 문제 • 117

1. 문화적 체계에 근거한 광고표현의 이해 ·················· 120
   1) 광고의미의 공유와 생활세계 ·················· 120
   2) 광고기호의 지각적 커뮤니케이션과 시간 ·················· 126
   3) 시간적 에너지로서 지각과 인지에 근거한 광고구성 ·········· 130
2. 문화적 체계에 근거한 소비자의 재해석 ·················· 135
   1) 소비자의 문화적 차원 ·················· 135
   2) 소비자의 계층적 차원 ·················· 139
   3) 광고와 소비자의 체계적 연계성:
      루만의 체계이론과 광고 크리에이터 ·················· 143
3. 문화이론적 광고크리에이션의 탐색 ·················· 154
   1) 문화이론적 광고의 사례와 해석 ·················· 155
   2) 광고 크리에이션의 방법 고찰 ·················· 170
   3) 향후 연구문제의 방향 ·················· 194

제5장

결 론 • 201

: 인지 – 커뮤니케이션 – 문화의 상호적 전제에 따른 지각과 인지의 재해석

참고문헌 • 209

제 1 장

서론:
광고표현과 지각의 근거에 관한
문제의 제기

1. 문제제기와 연구문제

광고이론은 광범위한 의미에 있어서의 정보처리 과정(Data-Processing)에 근거하여 광고의 내적 요소와 외부적 효과문제를 이해해 왔다. 즉, 소비자들이 광고정보에 접촉하고 난 후 그에 대한 태도를 형성하기까지의 모든 과정을 연구하고 이에 근거해 광고의 내적 요소를 구성하려 한다. 간단한 예를 들면, 정보처리와 태도변화는 처리되는 정보의 양과 길이에 달려 있다고 보는 심리적 모형[1]이 있다. 이 모형에 따르면 소비자의 태도는 중심경로(Central Route)와 주변경로(Peripheral Route)라는 두 가지 설득 경로에 의해서 형성된다고 한다. 이를 관여도(Involvement)와 함께 생각해 보면, 소비자의 어떤 제품에 대한 관여도 수준이 높은 경우에는 중심경로를 통해서 정보처리가 이루어지고, 관여도 수준이 낮은 경우에는 주변경로를 통해서 정보처리가 이루어진다고 해석한다.

---

[1] 페티 & 카시오포(Petty and Cacioppo)의 정교화 가능성 모형이라 한다. 이두희(2004), 광고론, 박영사, pp.169-171.

한편, 태도이론 중의 하나인 인지부조화 이론에 따르면, 소비자들은 광고에서 얻은 정보를 바탕으로 대안들을 평가하고 선택하게 되는데, 만약 인지하고 있는 두 개의 대상이 불일치하면 인지부조화가 발생한다. 이때 태도의 변화나 의견변화, 조화를 이루는 긍정적 정보의 탐색과 회상, 모순되는 정보의 회피, 지각적 왜곡, 행동의 변화가 따른다. 특히 광고표현의 경우 지나치게 제품의 장점만을 정보로 제시할 것이 아니라, 긍정적인 정보와 부정적인 정보를 동시에 제공함으로써 실제구매결과와 기대의 차이에서 오는 부조화를 줄일 수 있는 쪽으로 방향을 제시한다. 혹은 부조화가 발생하지 않도록 소비자에게 자신의 선택에 대하여 확신을 준다. 즉, 소비자의 선택은 현명했다는 정보를 구매 후에도 추가적으로 제공함으로써 소비자가 부조화를 느낄 여유를 주지 않는 것도 광고가 할 수 있는 일이다. 이러한 이론들은 지금까지 제품구매에 대한 보다 적극적인 마케팅 활동에 대한 과학적인 근거를 제공해 왔다. 또한 광고 캠페인에서는 먼저 소비자들이 제품을 구매하고 난 후 최초의 기대와 실제의 성능이 일치하도록 캠페인 담당자에게 요구를 할 수 있는 자료로 활용되어 왔다. 이렇듯 광고캠페인을 위한 일련의 모든 과정은 이러한 선형적인 이론을 근간으로 하는 불특정 다수의 시장 중심적인 사고와 인간 지각과 인지의 수동적 논리에서부터 출발하였다. 보다 엄밀히 언급하자면 대중의 익명성에 근거하여 대중이 수동적으로 벌이는 자극에 대한 반응(S - R)에 따른 이론의 결과에 따른 것이라고 판단할 수 있다.

그러나 이와 같은 광고 전략적인 선형적 과정이 최종적인 광고

표현 영역에서 좌절되는 경우를 경험한다. 왜냐하면 광고 전략의 이론적인 배경은 단일선형개념에 의한 결론의 도출이지만 광고 제작과정에서는 단일 선형개념이 아닌 복잡 확산형 개념으로 사고가 표출되기 때문이다. 이런 이유로 허버트 크루그만(Krugman. Hebert E)은 "광고에 대한 인간의 반응은 능동적 – 수동적이라는 축(軸)만으로는 생각할 수 없는 것이 있다."[2]고 하였다. 그는 연이어 "소비자는 광고전문가에 의해 매개된 의미를 통해서 자기 자신과 제품과의 관계를 부여하는 일차원적인 차원을 넘어서 또 다른 광고표현의 '주목성'에 의해 반응한다."고 말한다. 광고의 일차원적인 지각으로서 주목성이 일차원적인 차원으로만 구성되지 않는다는 것은 주목성이 실은 이해와 선호와 같은 광고표현의 여러 측면을 구성하는 잠재적인 차원에서 존재한다는 것을 뜻한다. 동일한 언어를 사용한다고 해도 성별, 직업, 나이 등에 따라 받아들이는 해석의 정도에 차이가 있듯이 광고의 '지각과 인지'는 다양한 차원의 복잡 확산적인 개념이라고 판단된다. 그리고 이와 같은 현상은 광고표현에서 등장하는 말, 글, 그림, 소리 등의 다양한 매체[3]에 의해 나타난다고 볼 수 있다(그림의 '다의성'은 대표적인 예라 할 수 있다). 광고라고 하는 하나의 공간에 소리, 동세, 색, 재료, 형태, 위상의 가치가 서로에게 영향을 미치는 것[4]이다. 본 연구는 광

---

2) Krugman, Herbert E(1966/67). The measurement of advertising involvement, Public Opinion Quarterly, 30(4), pp.583 – 596.
3) Mcluhan, Herbert Marshall(1961), "Inside the Five Sense Sensorium", *in Canadian Architect*, Vol. 6, No.6, June, pp.38 – 40
4) 장 보드리야르(2000), 배영달 옮김, 사물의 체계, 백의, pp.100 – 109.

고를 지각하거나 인지하여 선호를 결정하는 데 미치는 영향의 주요한 인자를 문화적 문맥으로 파악한다. 문화적 문맥은 현재 광고크리에이터들과 광고주의 개인적인 판단에 의존하고 있지만 실은 그들의 판단과 소비자의 개별적 선호를 넘어서는 거시적인 구조로 이해할 수 있다.

이를 위하여 본 연구는 광고크리에이터의 일방적인 판단이나 소비자에게 얻어 온 개별적인 판단에 의한 결과도출에 앞서서, 소비자와 자유롭게 소통적 미적 체험을 할 수 있는 또 한 명의 소비자로서 크리에이터를 제시한다. 문화의 지평은 크리에이터와 소비자가 함께 호흡하는 공간이다. 이 공간으로부터 광고의 지각과 인지적 상황을 이해할 필요가 있다. 이러한 탐색적인 제안을 지지하기 위해서는 무엇보다 이론적 작업이 필요하다. 그렇다고 해서 이론적인 작업이 어떤 총체적인 광고이론으로서 자신을 주장하지는 못한다. 광고 표현의 총체적인 이론을 제시하려는 이론이 없는 것5)은 아니지만 본 연구가 생각하는 이론은 오로지 광고의 실천에 연관함으로써만 이 의미를 지닌다는 실용적인 명제에 충실한다.

---

5) 이미 '게슈탈트 이론'(The theory of Gestalt)은 디자인 영역에서 잘 알려져 있는 총체적인 형태지각이론이다. 그러나 이는 순수한 조형요소를 이용한 '잘 짜인(Simplicity)'이라는 차원에만 머무를 뿐 광고가 지니고 있는 광고크리에이터와 소비자(Target)와의 공주체적인 문화의 통합커뮤니케이션(IMC)을 위한 '문화감성이론'으로 끄집어내는 데는 시각적인 측면에 너무 집중하고 있다. Mcluhan, Herbert Marshall, (ed.), with E. S. Carpenter, *Explorations in Communication*(Boston: Bescon Press, 1960). pp.19 – 20, 136.

본 연구는 위와 같이 제기된 문제와 전제에 따라 다음과 같은 연구문제를 제시한다. 첫째, 광고표현의 주목－이해－선호의 반응이 과연 개별적이며 선형적으로 이루어질 수 있는가 하는 점을 비판적으로 이해하려 한다. 이 거시적인 연구문제는 두 가지 관점을 검토함으로써 접근할 수 있다. 먼저 인간의 지각과 인지는 최소한 인지과학이나 심리학적으로 어떻게 구성되며 이를 광고가 어떻게 이해하고 있는가를 밝히는 것이다. 연이어 인간의 지각과 인지에 대한 인지공학적 그리고 심리학적 접근이 담지한 탈역사적 논리와 수동성의 논리를 함께 지적함으로써 기존 광고이론의 특징을 재검토해 볼 수 있다.

둘째, 인간의 지각과 인지의 과정이 과연 실험적인 탐구자세로부터 자신의 본 모습을 드러낼 것인가에 대한 역사적 접근을 통해 실은 그것이 인간의 역사와 문화에 의해 잠식된 상태에 있다는 사실을 드러낸다. 이로써 광고의 문화적인 차원이란 것이 광고 표현의 패러다임 중 한 부분이 아니라 광고전반의 밑바탕을 이룬다는 사실을 논증한다. 이 두 가지 연구문제를 통해 현재 횡행하는 모방적이며 촉각적인 광고 표현의 문제가 어떻게 탄생했는가를 이해하고 이에 대한 인식론적 대안을 제시할 수 있다고 본다. 본 연구는 광고의 표현이란 보편적인 것이 아니라 소비자가 다양한 '임팩트 성'6)과 계층문화를 지니듯 크리에이터들 또한 표현과 의미의 다양한 지평 속에서 존재한다는 점 그리고 광고제작에서 진정 중요한 것은 콘셉

---

6) 전기순(2005), 광고표현의 '임팩트 성'에 관한 연구, 한국디자인학회(겨울호), pp.268－280.

트와 표현의 기발함이나 시장조사가 아니라 소비자의 문화적인 감
성을 미리 파악하려는 광고인의 자세가 중요하다는 점을 이해한다.

2. 연구 방법론 고찰

　본 연구는 앞서 전제한 연구문제에 맞추어 전통적인 귀납의 수순
을 밟는다. 먼저 광고의 이론적인 부분을 형성해 왔던 제반 광고
이론을 사례를 통해 검토한다. 이 검토는 매우 중요한데 광고이론의
대다수가 경험적 접근을 취하고 있어 이론의 다양한 패러다임을 고
려하고 있지 않는 위험한 상황에 처해 있다고 판단하기 때문이다.
간단한 예를 들어 '귀납'이나 '사례'의 용어를 사용하면 마치 실증
적인 자료나 실물의 사례만을 떠올리는 많은 광고학자들이 존재하
는데 이는 학적으로 비정상적인 상황이다. 귀납이나 사례의 대상은
그것이 실증적이든 이론적이든 갖가지 다양한 기호체계를 지닌 것
이든 간에 모두 적용하여 사용 가능한 용어임에도 현재는 그렇게
되어 있지 못하기 때문이다. 더 나아가 방법적인 구성의 문제에 있
어서도 그렇다. 원칙을 설명해 보자.
　모든 연구는 자신의 특유한 방법론을 가져야 하고 그 나름대로의
특유한 과학을 만들어 내야 한다. 이러한 특유의 연구 및 과학이
발전되고 정교화됨과 더불어 방법론이 발전되고 정교화되어야 하며,
그것들이 모여 단일한 전체를 이루어야 한다. 어떤 다른 분야에서

표준화된 좋은 연구 결과를 낳는 것은, 그것이 거기에 당연히 잘 들어맞게 만들어졌기 때문이다. 그렇다고 해서 "그러한 표준화된 연구 방법을 어떤 과학적 연구 작업에 적용함으로써 성과를 진전시킬 수 있다고 생각하는 것은 과학과는 아무런 관계가 없는 망상에 불과하다."[7] 이것은 그람시(Antonio Gramsci)가 연구방법에 있어서 학문의 일방통행주의에 대한 답습적인 과정을 비판하며 새로운 실천방식을 달성하려고 노력한 내용이다. 기존의 광고적 실천을 알기 위해서는 기존에 나와 있는 여러 이론과 방법론을 답습하여 이를 모방하기보다 이론과 방법론의 배후에 있는 전제와 가정들을 파고 들어야 한다는 그의 주장은 본 연구의 연구문제이기도 하다.

본 연구의 귀납적 사례는 인지에 관한 공학적 그리고 심리학적 이론들과 이들에 대립적인 이론인 문화론적 이론이다. 이 귀납적인 사례를 충분히 검토하여 한정된 논증의 범위 내에서 결론을 제시하려 한다. 연구문제는 그 특성상, 논증의 과정을 거쳐 다시금 이를 재논증해야 하는 매우 이론적인 작업으로 지지될 것이다.

첫 번째 논증은 논증이라기보다 하나의 기술적인(Descriptive) 작업이다. 그러나 대다수의 기술이란 실은 설명의 목적으로 지니고 있다는 점에서 두 번째의 논증을 준비한다 할 것이다. 기존의 광고이론이 지닌 지각과 인지에 대한 공학적인 견해가 잘못되었음을 논증하는 것이다. 두 번째 논증은 앞선 첫 번째 논증적 결과가 실은 시장의 역사적 전개 속에서 만들어진 것이며 시장이 그 체계적인 모습

---

7) 임영호 편역(1996), 스튜어트 홀의 문화이론, 한 나래, p.193.

을 바꾸어 가는 오늘날에 있어서 더 이상 그 유효성을 확증하기 어렵다는 사실이다. 따라서 오늘날처럼 확대된 시장경제 속에서 광고인과 소비자가 서로 공존하기 때문에 광고란 공동의 문화적 체계를 벗어날 수 없다는 사실을 논증할 것이다. 논증의 도구는 커뮤니케이션과 기호학 그리고 문화연구의 이론에 근거한다. 이 이론은 모든 문화를 하나의 체계로 상정하고 그 속에서 움직이는 개인들의 창조성을 측정하려는 시도를 한다. 여기서 가장 중요한 개념이 공주체성인데, 공주체성은 소비자와 광고크리에이터가 서로 맺는 문화적 공동 계약과 같은 것이다. 이 계약이 매우 구체적으로 이들의 지각과 인지의 과정에 참여한다는 사실을 이해한다. 본 연구는 이와 같이,

1) 기존의 광고이론이 가졌던 지각과 인지의 내용을 기술하여 설명하고 그 한계가 실은 시장의 시대적인 논리에 근거한다는 점을 밝히고

2) 광고의 지각과 인지과정에 관계하는 문화의 영향력을 이론적으로 점검하여 앞선 이론의 맹점을 이해한다.

3) 광고표현의 과정이 소비자의 의견수렴의 결과나 아니면 광고크리에이터의 매우 개인적인 선택의 문제라고 이해해 왔던 기존의 광고이론을 극복하여 광고표현의 문화적 종속성을 주장할 것이다.

이를 도식화하면 다음과 같다.

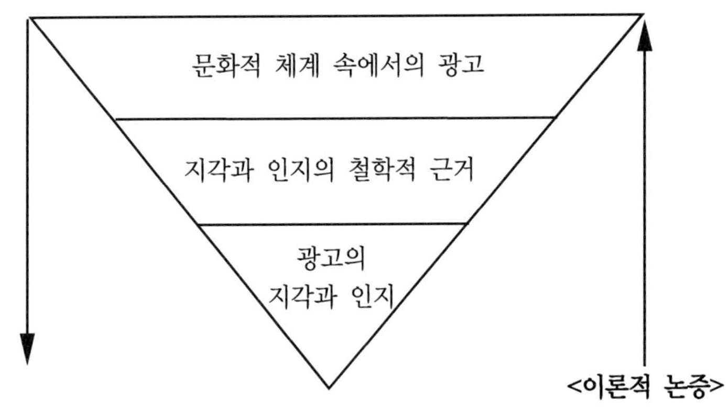

3. 본서의 구성

본서는 연구문제에 근거하여 다음과 같이 본서를 구성한다. 본서는 연구문제를 방법론에 따라 서술하는 순서를 기술하는 것으로 방법론과 구성 사이에 항상 차이를 가져오게 하지만, 본 연구는 논증적인 논문의 성격을 지니므로 앞서 그린 그림의 수순을 구체화하여 이를 그대로 기술하는 것으로 본서를 기술해 나갈 것이다.

본 연구는 'Ⅰ. 서론', 'Ⅱ. 광고에 있어서 정보처리과정으로서 인지(Cognition)의 이해', 'Ⅲ. 현상학과 기호학적 관점에서의 지각과 인지', 'Ⅳ. 광고표현의 지각과 인지의 문화사적 위치와 소비자 반응의 문제', 'Ⅴ 결론'의 6부분으로 구분된다. 각 부분은 앞서 서술한 연구문제를 논증해 나가기 위한 이론적 과정을 지칭한다.

‘Ⅰ. 서론’에서는 본 연구가 시작된 배경으로서 문제를 제기하고 제기된 문제에 대하여 연구문제를 제시한다. 이 연구문제는 연구의 방법론을 구성케 하는데 그것이 이론적이며 귀납적인 수순을 밟을 수밖에 없다는 점을 개진한다.

본문 첫 번째 단계로 ‘Ⅱ. 광고에 있어서 정보처리과정으로서 인지(Cognition)의 이해’에서는 지각과 인지의 과학적 고찰을 통해 기본 광고이론의 축을 이루는 지각과 인지의 공학 및 심리적 접근을 기술한다. 지각과 인지의 자연과학적 배경과 심리학적 접근을 검토하여 광고를 하나의 선형적 지각과 이해과정으로 이해하는 이론이 지향하는 점과 그 기술적 내용이 주가 될 것이다.

본 연구가 주장하고자 하는 광고의 문화적 논리는 ‘Ⅲ. 현상학과 기호학적 관점에서의 지각과 인지’와 ‘Ⅳ. 광고표현의 지각과 인지의 문화사적 위치와 소비자 반응의 문제’를 중심으로 기술하고 논증한다. 현상학과 기호학적 관점에서의 지각과 인지가 그것이다. 이 단계에서 인용되어 서술될 연구물은 주로 기호학과 문화연구의 저작물을 통해 얻어진 자료에 근거한다. 후설, 퍼스, 바르트의 기호이론과 하버마스, 루만의 문화체계이론이 그것이다. 오늘날 광고에 대한 문화적 접근을 주장하는 영역은 주로 기호학과 문화연구와 같은 선진적인 연구업적을 통해서이다. 따라서 이 단계에서 어떤 문화적 당위성을 통해 앞선 내용과 앞서 갈 내용을 기술하는 것이 아니라 또 다른 이론적 작업을 근간으로 한다. 결론은 두 단계의 논증 작업을 종합하는 장으로 구성된다.

　본 연구는 논증적인 성격을 지니기 때문에 본문에서 이용, 인용, 고찰, 비판되는 모든 연구를 선행연구로 취급하여 이해한다. 이들의 연구는 다음 4가지 학적 경향을 대변한다. 1) 인지과학과 인지심리학 2) 광고에 적용된 인지과학과 인지심리학 3) 기호학과 문화연구 일반 4) 광고에 적용해 본 기호학과 문화연구이다.

제 2 장

광고정보처리과정으로서
인지(Cognition) 이해

1960년대 이후 미국을 중심으로 '뇌 연구'를 통한 시지각의 연구, 인지심리학의 시각처리과정 연구와 전통적인 형태심리학(Gestalt Psychology)을 통한 시각적인 차별화 연구 역시 지속적인 발전을 거듭[8]하고 있다. 이와 같은 연구는 과학적 실험 및 기계적 행동과학의 근원인 자연과학에 기반을 두는 19세기의 고전과학의 경향을 그대로 따르는 것이다.

자연과학적 기반에 따른 연구로부터 영감을 받은 사회조사 역시 그러한 경향에서 연구를 진행한다. 원래 자연과학 또한 사회조사를 위한 방법에 적용할 수 있다고 믿었던 사회과학자들은 인간사회의 변화무쌍한 운동과정에 의해 실용적인 방법으로 연구의 방향을 교정[9]했었다. 그러나 실용주의의 과대한 강조는 결국 인지과학뿐만 아니라 이전에 유효한 결과를 제시해 왔던 자연과학의 수동적 이론들을 많이 차용했던 것이다. 근자에 들어 인지과학에 대한 관심이 사회조사 연구와 접목되는 경향[10]을 보이고 있기도 하다. 사회연구에 바탕을 둔 광고연구의 분야에서도 그러한 경향이 현재 가시적이

---

8) 존 에를스(1998), 박찬용 옮김, 뇌의 진화, 대우학술총서, pp.186－203.
9) 오세철(1979), 문화와 사회심리이론, 박영사, p.28.
10) 이정모(2001), 인지심리학, 아카넷, 대우학술총서, pp.383－391.

지는 않지만 연관성을 가질 것이라는 사실은 분명하다. 오늘날 각 학문 영역이 지니고 있는 이론의 편협적인 현상이 새로운 통합으로서의 학문을 절실히 필요로 하게 되었다. 이미 여러 분야에서 학제간(Interdisciplinary)의 연구를 활발히 진행하고 있으며 특히 종합적 지각과 인지의 현상을 이해하려는 인지과학의 영역에서도 마찬가지로 학제적인 연구를 통할 수밖에 없다. 인지과학의 통합적인 연구사례들이 그 예라 하겠다.

인지과학은 그 자체의 고유한 학문성을 지닌 것이라기보다는 실제로 다른 여러 학문들이 다소간 느슨하게 연합된 것이다. 그것의 한 중심축은 인공지능이 차지하고 있다. 마음의 컴퓨터 모델이 인지과학의 전 영역에서 지배적인 특징이 되고 있다고 할 것이다. 다른 제휴학문들은 일반적으로 언어학, 신경과학, 심리학, 그리고 가끔 인류학과 심리철학으로 구성된다. 각각의 학문은 마음과 인지가 무엇인지에 대한 질문에 약간씩 다른 방식의 답을 지니며 학문에 고유한 답을 완전히 내주지는 않는다. 따라서 인지과학의 장래의 발전은 그리 분명하지 않다. 그러나 앞선 연구들의 결과들이 상당한 영향을 미치고 있으므로 이러한 영향이 계속될 것[11]이다.

---

11) 앨런 뉴엘(2002). 차경호 옮김, 통합인지이론, 아카넷, pp.40 - 50.

1. 지각과 인지(Perception & Cognition)의 인지 과학적 이해

1) 근대철학의 인식론과 지각에 대한 개관

생물학적 차원의 지각(Perception)은 객관적 실재의 성질, 구조 및 합법칙성이 경험적, 이론적 <지식>이라는 형태로 인간의 의식 속에 비교적 <적합하게 반영된 것>12)을 의미한다. 존재론적 차원의 인식 (Perception)은 인간이 객관적인 실재를 이론적으로 파악하여 자기 것으로 만드는 인식과정13)의 결과로서 생겨나며, 인간의 실천 활동을 합목적적으로 구현하는 확실한 토대가 된다. 특히 철학에 있어서 최고의 문제인 물질(자연, 존재)과 의식(정신, 사유)의 관계에 관한 질문에 대해 어떻게 답하느냐에 따라 모든 철학적인 견해와 체계가 유물론과 관념론이라는 두 개의 대립된 기본 입장으로 나누어진다. 철학의 모든 중요한 원리적 해결은 이 문제에 대한 대답 방식에 달려 있다.

인식과 지각의 주체란 <마르크스주의 인식론>에서, 인식 능력과 인식 기능의 능동적 담지자(擔持者)로서 사회적 실천을 바탕으로 목적 지향적으로 환경에 작용을 가하여 환경을 물질적, 정신적으로 자기 것으로 만드는 <사회적 인간>을 가리킨다. 광고는 사회활동을

---

12) 박종호 외(1990), 철학대사전, 동녘, pp.1077 - 1085.
13) Ibid, p.1073.

하는 주체에게 있어서 어디까지나 자신의 생활세계 혹은 사회체계의 구성원으로 영위해 나가는 데 있어서 부차적인 요소이다. 따라서 주체의 목적지향적인 생활을 하는 데 있어서 직접적인 연관이 없는 경우의 광고물은 아무런 의미가 없다. 단지 생활에 있어서 문화적인 요소로 간주될 뿐이다. 여기에서 간과할 수 없는 영역은 바로 주체자의 가치관 혹은 세계관에 따른 동일 대상에 대한 해석의 차이이다. 광고표현에 있어서도 마찬가지다. '모성애'를 예를 들어보면 한국인의 어머니가 아이에게 젖을 주고 있는 광고표현이 있는 경우 여기에서 가장 근본적인 2가지의 측면의 접근이 있을 수 있다. 첫째 이를 제작한 주체가 누구이며, 둘째로는 이를 보는 소비자의 주체가 누구이냐이다. 일반적으로 현실적인 마케팅이라는 차원에 보다 비중을 두는 나머지 소비자의 주체에 대한 깊이 있는 성찰은 소홀히 하고 있다. 사회생활에서 주체가 될 수 있는 존재는 커뮤니케이션 사회에서 필요로 하는 사회적인 인간이다. 이들 간의 커뮤니티는 다양한 담론을 형성하며 자신들만의 목표를 위한 끝임 없는 행진을 한다. 인간은 자기를 둘러싸고 있는 세계와 실천적 – 활동적, 능동적, 합목적적, 인식적 관계를 맺음으로써 이 세계를 환경으로, 자신을 행위하는 주체로 정립한다. 따라서 주체의 인식적 범위는 매우 광범위하며 이를 체계적으로 분석하는 일은 주체자 자신이 갖추고 있는 환경을 통해 판단하여야 한다. 광고표현에 대한 주체는 광고소비자여야 하며 이는 시간과 공간이 주어진 환경이라는 범위에서 체계를 갖추어야 한다. 국내에서의 광고는 국내 광고소비자의 인식범위를 수용할 수 있는 새로운 체계가 성립되어야 하며 이를 뒷받침

할 수 있는 이론적인 토대가 이루어져야 한다. 광고소비자의 주체가 지니고 있는 체계를 위해 크게 두 가지의 범주, 즉 철학적인 주체와 인지지각적인 주체로 나누어 보다 심도 있는 광고소비자의 사변적인 구조를 다루어 보았다. 이제 주체의 임팩트는 광고소비자 자신이 지니고 있는 고유한 영역인 가치관 혹은 세계관에 의해 출발되어야 한다.

생물학적 차원의 지각(Perception)은 객관적 실재의 성질, 구조 및 합법칙성이 경험적, 이론적 <지식>이라는 형태로 인간의 의식 속에 비교적 <적합하게 반영된 것>14)을 의미한다. 존재론적 차원의 인식(Perception)은 인간이 객관적인 실재를 이론적으로 파악하여 자기 것으로 만드는 인식과정15)의 결과로서 생겨나며, 인간의 실천 활동을 합목적적으로 구현하는 확실한 토대가 된다. 특히 철학에 있어서 최고의 문제인 물질(자연, 존재)과 의식(정신, 사유)의 관계에 관한 질문에 대해 어떻게 답하느냐에 따라 모든 철학적인 견해와 체계가 유물론과 관념론이라는 두 개의 대립된 기본 입장으로 나누어진다. 철학의 모든 중요한 원리적 해결은 이 문제에 대한 대답 방식에 달려 있다. 따라서 광고표현의 경우 그것을 어떻게 지각하고 표현하느냐는 전적으로 광고제작자의 내적, 외적인 사변적 인식과정에서 드러난다고 볼 수 있다. 이를 보다 구체적으로 뒷받침하기 위해 이번 연구에서의 철학적인 인식체계는 현상학적인 접근을 통해 그 범위를 제한하였다. 즉 인식은 자연, 사회, 사유 등과 같이 상대적으로

---

14) Ibid, p.1076.
15) Ibid, p.1077.

한정된 대상 영역 또는 물질세계 전체에 대한 경험적 앎이며, 체계적으로 정돈된 <진술들 및 진술 체계>의 형태로 존재한다. 이러한 진술들 및 진술체계는 각각의 정도의 차이는 있지만 늘 감각적인 직감과 연결되어 있다. 그러나 감각경험, 즉 감각, 지각, 표상의 형태로 행해지는 감각활동이나 감각적인 반영은 인식과정에 꼭 필요한 측면이지만, 합리적으로 가공되지 않은 개개의 감각적인 반영은 개념적인 사유 속에서 진술로 가공될 때에야 비로소 인식이 가능하다. 그리고 진술의 형태를 띤 지식만이 실천 활동의 이론적인 토대가 되는 현상적인 측면에 기초를 두게 되었다. 여기에서 광범위의 현상적인 인식의 테두리 속에서 지각의 좁은 의미로는 의식의 영역을 넘어서지 않는 부분을 가리킨다. 반면에 의식역을 넘어서는 부분을 통각(統覺)이라고 한다. 이를 아리스토텔레스(Aristoteles)에 따르면 모든 사고와 지식은 그 근원을 지각에서 출발하며 따라서 근본적으로 플라톤의 <이데아. Idea>가 존재한다는 견해를 반대하였듯이 통각의 의미는 칸트 이후 현재의 많은 철학자들에게 점차 관심의 대상에서 사라지게 되었다. 반면에 로크(Locke), 버클리(Berkeley) 등의 <감각주의>가 대두됨으로써 지각은 근세에서 다시 한 번 관심의 초점이 되었다. 여기에서 로크는 자신의 지각된 모든 것은 의식에 도달하며 마음은 '백지 상태'이기 때문에, 의식의 영역은 지각의 총체와 동일하다는 것이다. 흄과 버클리 역시 이러한 입장을 취한다. 흄은 의식내용만을 '지각'으로 이해하며, 버클리의 경우 지각한다는 것은 곧 표상을 직접적으로 체험한다는 것을 뜻한다. 이러한 근세의 철학자들이 줄곧 찾아온 본질개념에 의한 인식의 범위를 현대의 현상학에 있어서의 감각, 직관, 직접적인 경험을 통해서 우리에게 주어지는 사물, 과정 등의 외적인 성질의 총체를 개별적이고 우연적이며 가변적인 성질을 갖는다고 하여 기존의 본질적 접근 방식의 개념과는 전혀 차원을 달리하는 변증법적으로 접근하였다. 이러한 인식적 접근방식은 20세기에 들어와서 활발한 논의가 현상학의 시초인 후설(Husserl)에서 태동하기 시작하여 하이데거(Heidegger), 셸러(Scheler), 사르트르(Sartre) 및 메를로퐁티(Merleau-Ponty)와 같은 독일과 프랑스의 실존철학자들까지도 영향을 끼치게 되었다. 특히 후설의 현상학적인 인식은 오늘날에도 철학적 논쟁의 저수지이다. 최근의 심리학적, 사회학적, 언어철학적 및 문화철학적인 탐구들 중 상당수가 후설에 의존하고 있다. 니콜라스 루만(Niklas Luhmann)의 체계이론과 이 이론의 여러 가지 변형태들의 경우도 그 예에 속한다.

코페르니쿠스가 우주의 문제를 변화시킨 이래, 우주를 관장하는 또 다른 자연의 질서를 탐구코자 하는 근대과학은 17세기를 중심으로 융성한다. 갈릴레오가 사망한 이후 이탈리아에서 융성하던 과학은 교회의 강압에 의해 쇠퇴를 거듭한 반면 영국에서 부흥한다. 과학의 토대를 신의 영역으로부터 외부 자연의 영역에 두면서 뉴턴(Issac Newton)의 물리학적 자연관이 만들어진다. 뉴턴의 자연관은 신으로부터 자연을 방법론적으로 독립적으로 만들면서 동시에 자연과 인간의 이성을 대립적으로 만들었다. 자연은 인간의 이성에 대하여 대립적이지만 실은 인간의 이성은 자연의 규칙만큼 탄탄하며 오히려 이성은 자연의 규칙을 알아가고 이를 탐구하는 것이 인간의 이성이 해야 할 일이라고 믿었다. 이런 이유로 의지의 자유라든가, 은총의 본질과 같은 문제는 무의미한 것으로 치부되고 뉴턴의 분석적인 방법과 로크의 경험적인 방법이 일반화되기 시작했던 것이다. 뉴턴의 자연과학과 로크의 실용적인 의식은 당시 부흥하고 있던 계몽적 경향과 수학의 발달과 더불어 영국으로부터 프랑스와 독일로 퍼져 나갔다. 근대과학은 따라서 자연과학적 기반에 수학적 이성 그리고 실제적인 문제에 대한 관심16)을 가미함으로써 오늘날의 과학적 모습을 처음으로 띠게 되었다.

19세기는 산업혁명이 본격적으로 벌어지던 시대다. 서구사회는 르네상스 이후부터 융성하고 있던 17세기의 과학이 지적 양상으로부터 실질적 양상으로 변화한다. 산업혁명과 맞물려 기술과 공학적 사유로 전환한다. 물론 르네상스 이후 추구했던 과학의 근거가 산업시대의 그것과 다르다는 것이 아니다. 데카르트의 회의적 전통이 영국의 경험적 전통과 융합하면서 과학의 영역이 확대한다. 그러나 기술(Technology)과 수학에 근거를 둔 과학이 상상력을 잃어버리고 실제 산업생산의 현장에서 직접 적용되어 확대일로를 걸었다는 데에 전환의 중요점이 있는 것이다.

19세기의 자연과학은 인간의 개별적인 주장이나 경험과 상관없이 경험적인 대상을 가시적으로 재현하려는 목적을 지녔다. 이 목적에 경도하면 유추와 추론 그리고 종합적 직관의 능력을 잃어버린다. 19세기의 과학자들은 가시적으로 증명 가능한 방식을 담지하지 않

---

16) J. 브로노프스키(1983), 서양의 지적 전통, 홍성사, p.315.

은 연구방법은 설득력이 떨어지는 것 혹은 거짓으로 인정하는 추세를 지녔다.17) 사회에 대한 과학에 있어서도 이런 추세가 이어졌다. 과거나 미래에 대한 탐구와 해석에 따라 관점을 세우기보다 가시적인 사회현상에 대한 실증(Positive)의 사회과학이 탄생하였다. 사회과학은 사회현상에 대한 관찰－일반화－이론화－가설화－재관찰로 이루어지는 실증의 순서18)를 통해 사회를 이해하려 했다. 이것은 자연의 규칙과 같은 수준에서 이성의 규칙으로 정한 것이며 인간의 이성이 마치 기계적인 기능을 통해 움직이는 듯이 과학의 규칙에 모든 종류의 직관과 감성을 배제하려 했던 것이다.

이 모든 과학적 사유의 근거에는 움직일 수 없는 사실로써 자연을 파악하는 물질주의가 있다. 19세기와 20세기의 많은 사회과학자들은 인간과 사회의 조직과 움직임 또한 생물학적 유기체처럼 자연의 법칙에 따르기 때문에 인간의 욕구와 행동 그리고 인간이 사회를 이끄는 힘을 인간의 수동적인 저력에 근거한다고 믿었다. 이 수동적인 저력이 지각과 인지의 물리학적 혹은 생물학적 움직임이었다. 즉 인간의 에너지는 정신이 아니라 발견 가능한 물질이었던 것이다

---

17) 과학적 명증성에 대한 강화의 과정에 대한 전반적인 논의는 신항식(2004), 시각영상 커뮤니케이션: 시각영상 세미나1, 나남출판, pp.70－111.

18) 이에 대한 전통적인 이해는 Ernest Nagel(1961), *The Structure of Science*, New York: Brace & World Inc. 1961/Karl Popper, *The Logic of Scientific Discovery*, New York: Science Editions, 비판적인 이해는 Paul Feyerabend, ibid. 특히, pp.49－73.

2) 근대의 인식론과 지각: 생물학과 경험과학

19세기의 진화론적 자연주의에 있어서 관심은 인간의 진화에 대한 사항이다. 이런 관심에 따라 많은 이론이 생산[19]되었다. 이들 이론은 인간의 지각과 인지과정을 물리적 법칙에 따라 설명하려는 일반적인 경향을 지니고 있다. 유물론적인 흐름에 경도된 철학적 그리고 과학적 흐름은 생물학과 경험과학이 대표한다.

19세기 생물학은 의학과는 독립적으로 진행되었다. 따라서 인간의 지각과 인지의 과정에 어떠한 의학적 메커니즘에 따라 수행되며 그것의 실증적인 결과는 무엇인지 검증하지는 못한 것이었다. 반면 비교생물학적 관찰을 통하여 생물진화의 역사적 흐름을 읽어 이를 이론화할 수 있었다. 라마르크는 변화에 대처하는 인간의 활동을 지지해 주는 각 기관(Organ)은 그것이 실제 자주 사용하는가, 그렇지 않은가에 따라 발달한다고 주장[20]했다. 그는 다윈이 생존투쟁이라는 정신사적이고 욕구적인 명제에 근거하여 진화를 설명했던 것에 반하여 실용적인 근거를 통해 진화를 설명하는 것이다. 그러나 이 두 가지 진화론은 기계적인 자연 및 조직의 법칙과 그에 따른 인간의 적응과정이 수동적임을 주장함으로써 인간 지각과 인지의 결정론적 논리를 유지한다. 진화는 어떤 방식으로든 되고 있는 것이며 주변 환경은 인간의 지각과 인지에 영향력이 없다.

---

19) 니체의 윤리학, 마르크스의 사회학, 헉슬리의 인간론, 베르그송의 창의론까지 진화론에 걸쳐 있다.
20) W. 사하키안(1989), 서양철학사, 문예출판사, p.291.

　따라서 인간의 지각과 인지는 인간의 지각과 인지만의 역사적 시각에 의하여 이해되는 성질의 것으로 어떤 보편적인 결과를 제시하려는 것이다. 생물의 진화과정에 대한 설명을 어떤 움직이지 않는 본능적 규칙에 근거하려 함으로써 인간의 지각과 인지의 과정에 능동적인 의미를 부여하지 못했던 것[21]이다.

　인간의 지각과 인지에 대한 생물학적 흐름에 맞추어 콩트의 실증주의가 사회에 대한 과학의 기치를 걸었지만 오늘날의 경험 과학적 흐름을 시도한 이는 밀(John Stuart Mill)이다. 밀의 경험과학은 인간의 수동성을 인간의 능동성과 서로 동일한 것으로 파악함으로써 얻어진다. 지각의 과정에 관해서도 밀은 동일한 논리를 투여하는데 그는 "하나의 대상이 보인다(Visible)고 생각될 수 있는 유일한 증거는 사람들이 실제로 그것을 본다(See)는 사실이다."[22]라고 말한다. 보인다는 것이 본다는 것과 같은 것이라면 이는 인간의 의도 혹은 어떤 메커니즘을 떠올리게 한다. 사람은 장님이 아닌 이상 세상의 사물을 바라보는데 사람이 바라보는 사물 모두 그 사람이 보는 것이라고 파악한다면 그것은 '본다'는 사실의 본질을 먼저 알아야만 밀의 주장을 파악할 수 있다. 밀은 자유주의 철학자이다. 인간의 인간일 수 있는 것은 자유 때문이며 이는 인간의 의지에 속하는 사항이다. 즉 의도적인 것이다. 밀은 인간의 행복을 쾌락을 통해 설명하면서 "쾌락들 사이의 차이는 쾌락 계산에 의해 측정 가능한 양의 차이에 다름 아니기 때문에 쾌락은 똑같은 단 하나의 성질, 요

---

21) Adam Kupper(1994), The Chosen Primate, Havard Univ. Press: Cambridge,
22) W. 사하키안, ibid., p.286.

컨대 육체적이거나 감각적인 성질만을 갖고 있다."23)고 하였다. 그렇다면 인간의 지각과 인지는 양적으로 반복되면 될수록 '가치'를 지니는 것이 된다. 따라서 인간의 지각은 의도적인 것이며 쾌락을 지향한다는 결론을 얻게 된다.

경험과학의 일반적인 경향도 실은 이런 것이다. 인간의 지각과 인지는 인간의 자유의지에 따른 것이지만 그것이 의식의 차원에만 머물지 않는다면 실은 충동적 동기에 많이 조정되며 이는 인간에게 내재적인 수동적인 차원의 것24)이다. 이는 생물학의 수동적 논리와 상응한다. 단지 사회과학에로 넓혀진 자연과학의 차원이 사회조직에 의하여 제어받는다는 조건이 있을 뿐이다. 인간의 행동에 대한 이러한 인식론은 오히려 반과학적이다. 많은 수의 사람들이 공동으로 지각한 경험과 인지된 사실이 같은 결과를 내면 그것이 곧 진실일 수 있다는 인식론은 거꾸로, 양적으로 많으면 진실적이며 그에 대한 경험도 진실적일 수 있다는 비실험적 사실이 등장하는 것이다. '드러난 감각적 사실'에 충실히 하는 경험과학의 지각과 인지에 대한 이해는 결국 인간의 지각과 인지의 현상을 통계표와 그래프와 같은 툴로서 계량화하고 이를 진리로 해석할 가능성이 있다. 경험과학은 지각과 인지의 표피적인 성질에 집중한다. 그리고 개인의 지각과 인지는 수동적으로 그 개인의 선택을 표현한다고 믿는다. 이것들이 개

---

23) W. 사하키안, ibid., p.285 물론 밀은 인간이 쾌락을 양적으로 경험하다 보면 양으로만 따지기 어려운 질적인 쾌락이 있다고 말한다. 그러나 먼저 양적 쾌락이 존재하기 때문에 밀은 정서의 양적 논리를 벗어나지 않는다.

24) 자유의지와 종속성의 연관성에 관한 사회과학의 자세는 신항식(2004), ibid. pp.72 - 82.

인에게 기대할 수 있는 행동의 '가능치'에 의하여 조정된다는 사실에 무감하기 때문에 항상 기호의 현실태(Actuality)에 관심을 둘 뿐 기호의 잠재태(Virtuality)를 무시[25]한다.

이와 같이 근대과학이 바라보는 인간의 지각과 인지의 문제는 유물론적인 경향을 지님과 동시에 현실의 현상에 대한 주의에 집중함으로써 지각과 인지에 대한 거시적이고 심층적인 이해를 지니고 있지 못하다. 이에 대한 가장 대립적인 양상을 보이는 이론이 인지심리학일 것이다. 이는 생물학과 경험과학이 인간의 지각과 인지를 위로부터 강요된 규칙에 근거하여 설명하려는 반면 밑으로부터 올라오는 뇌의 흐름이라는 운동의 존재에 의하여 설명하려 한다. 따라서 지각과 인지의 일반론으로 설명해도 무방할 것이다.

2. 지각과 인지(Perception & Cognition)의 심리학적 접근

서구의 철학은 지각되어 인지된 것을 인정하고 출발한다. 이미 있었던 것을 지금 여기서 다시 인식하면서 출발하는 것이다. 플라톤의 회상은 이미 보았던 것에 대한 동경이다. 그리고 여기 보인 것은 이미 보았던 것의 겉모습일 뿐이다. 데카르트는 이미 보았던 것이 이미 나의 인식이며, 그것은 참된 나를 인정하는 지름길이다. 나

---

25) 신항식(2004), ibid. p.79.

는 이미 인식의 제국 속에 있다. 그래서 나라는 자유로운 존재는 제국 속에서 이미 보았던(주어진) 것을, '제국 속의 제국'으로서 '나'가 자유를 실행하려는 것이다. 이 나(I)는 플라톤주의의 '이미 본 나'의 현실적 또는 외현적 실행이다. 그래서 데카르트는 대상의 주인으로서 세계의 주인의 역할을 할 수 있다[26]고 보았다.

　이미 왔었다는 것, 그리고 그다음에 그것이 미래에 다시 올 것이라는 것, 즉 이미 본 것을 현실에서 다시 보는 것, 이것은 동일성이 과거에 현재에도 존속하였듯이 현재에서 그리고 미래에도 동일하게 존속하기를 바라는 상식이다. 이 상식은 이상하게도 사실을 당위로 바꾸는 착각을 범한다. 이것이 앞서 서술했던 생물학과 경험과학에서 바라보는 지각과 인지의 가벼운 접근이 유발하는 실수로 지적될 수 있다. 지각되어 인지된 사실을 이해된 사실로서 즉각적으로 인정하려는 것이다. 인지과학은 이러한 즉각적 이해방식에 제동을 건다. 제동을 걸어 현재 이해한 사실이 과연 지각적으로 그리고 인지적으로 제대로 된 방향인가를 점검하도록 한다.

1) 뇌신경학에 근거한 인지의 접근

　두뇌에서 사고, 추론이 일어나는 과정은 무엇인가? 이 해답을 찾게 된다면 인지 신경과학이 최종적으로 얻고자 하는 목표에 달성했다고 판단할 수 있을 것이다. 사고 및 추론에는 다양한 정보가 처

---

26) 철학 아카데미, 2001년 5월 16일. http://www.masilga.co.kr/philosophy

리되는 과정이 내재되어 있다. 여기서 말하는 정보란 추론을 유발하는 감각 정보와 이미 두뇌에 기억되어 있는 정보를 포함한다. 사고 및 추론은 두뇌라는 블랙박스에 들어 있는 마음의 정체를 이해하는 열쇠가 되지만 역으로 경험과학 혹은 행동과학에서는 기피되었던 분야이다. 초기의 경험 및 행동주의적 연구방식(앞서 기술했던 Ⅱ - 1. 지각과 인지의 자연과학적 배경)은 동물의 행동 및 인간의 정신 작용에 대한 폭넓은 이해를 가져올 수 있었으나 두뇌의 작동 원리를 이해함이 없이 자극 입력과 반응 출력의 관계를 설정했다. 그 이유는 사회과학이 전반적으로 지향했던 효용성의 목적 때문이었다. 효과의 가시적인 점검을 위하여 인간의 두뇌를 블랙박스로 설정했다.

오늘날 가시적 데이터의 유효성에 한계가 무수히 발견되어 이제 더 이상 행동주의적 방법론은 유효성을 보장하기 어렵게 되었다.[27] 이에 대한 대안 중 하나가 인지에 관한 과학이다. 경험 및 행동과학이 감추어 버렸고 정신분석학이 유추한 이 복잡한 블랙박스를 들여다보는 인지 심리학 또는 인지 신경과학적 연구 방식은 우리의 정신작용을 이해하는 데 필수적인 연구방법론으로 대두되고 있다.

인지 심리학(Cognitive Psychology)에서는 추론과정을 컴퓨터에 비유하여 설명하고자 하는 것이 주된 흐름이 되고 있고 인지 신경과학에서는 뇌 영상기술과 두뇌 손상 환자를 대상으로 하여 사고 및 추론 과정을 밝히고자 노력하고 있다. 심상(Imagery), 즉 마음에 맺히는 형상은 사고 및 생각 작용과 밀접한 관계가 있다. 정신작용에 의

---

27) 권명광/신항식(2002), 광고 커뮤니케이션과 기호학, 문학과 경계, p.68.

한 시각적 정보로 형성되는 심상에는 시각의 지각과정, 기억된 시각 정보의 인출, 그리고 추론과정에 핵심적인 작업 기억(Working Memory) 등이 관여하고 있다. 따라서 심상의 이해는 시각 인지 과정에 대한 이해와 여러 개의 신경 회로들이 유기적이며 체계적으로 작동되는 과정을 파악하는 데서 실마리를 찾을 수 있다고 보인다. 그 가운데 인지 신경과학적 연구 방식은 우리의 정신 작용 중 특히 지각과 인지의 물리적 과정을 이해하는 데 필수적인 연구 방법론으로 대두되고 있다.

신경과학은 사물을 말하는 것이 아니라 사물을 접촉하는 인간의 지각과정을 연구한다. 이런 의미에서 인지에 관한 심리학적 연구와 다를 바 없다. 그런데 신경과학은 의학의 일종으로서 지각과 인지에 관한 모든 연구를 뇌에 직접적인 실험을 가하여 수행하고 그에 따른 결과를 유출한다는 점에서 다음에 이어 나갈 인지심리학과 차이를 둔다. 다른 한편 인간의 뇌는 오로지 정보를 지각하고 받아들이는 과정 속에서만 자신의 메커니즘을 드러내 준다는 점28)에서 정신분석학의 유추와도 거리를 둔다. 달리 표현한다면 정신분석학이 위로부터 전제했던 무의식의 과정이라 할 만한 것을 지각과 인지의 뇌신경에 근거하여 아래로부터 증명해 내는 일일 수도 있다.

뇌 의학이 바라보는 인간의 지각과 인지는 수동적 차원이다. 인간의 시지각이 인간 자신도 모르게 운동한다는 전제하에 지각의 운동과정과 뇌의 움직임을 동시에 관찰하여 지속적인 상동성을 발견

---

28) R. N. Shepard(1988), "Mental rotation", Journal of Experimental Psychology, n.14, p.6.

하려 한다. 정서적인 지각이 처음 시작될 때는 자동적으로 우뇌가 움직이며 뜻을 파악하려는 순간 좌뇌가 움직이는 현상을 지속적으로 관찰하여 결론을 내린다. 우뇌는 일단 지각된 정보를 크게 파악하여 전체적인 판단을 먼저 이끌려 하고 좌뇌는 분석적으로 세부적인 양태에 집중케 한다.[29] 우뇌가 좌뇌의 신경조직은 뉴런이라는 미세세포의 작용에 따라 움직인다. 공간을 지각하거나 음향의 고저, 장단의 리듬을 지각하여 이를 다른 지각과 서로 비교하여 인지하는 짧은 시간에 작동할 것은 뇌의 신경이라는 것이 뇌 의학의 설명이다. 이러한 사실은 기존에는 잘 설명하지 못했던 지각과 인지의 양상을 물리적으로 설명[30]해 낸 것이다.

이러한 지각과 인지의 뇌 의학적 양상은 인류보편적일 수 있다. 개인의 차이라든가 민족적 차이도 어느 정도 있을 수 있겠지만 양상 그 자체가 존재한다는 것이 보편적이다. 지상현은 신경심리학이라고 할 뇌신경에 근거를 둔 지각과 인지의 연구는 "자동화 시스템 개발을 위한 기초개념"[31]으로 이용될 수 있다고 한다. 지각과 인지의 보편성에 근거한 기초개념이라는 뜻은 뇌가 움직이는 보편적인 신경양상에 근거한 일종의 원리를 떠올리는데 이 원리란 것은 디자인의 균형, 비례, 대비 등의 원리가 보여주듯이 지각과 인지의 고전적 원리이듯이, 뇌의 원리에 근거한 디자인 혹은 광고는 원리가 아

---

29) J. Sperry(1969), "Interhemipsheric Relationship", Handbook of Clinical Neurology, t. 4. North Holland Publishing, Amsterdam.
30) N. Calson(1998), 생리심리학의 기초, 시그마 프레스.
31) 지상현(2005), 뇌, 아름다움을 말하다, 해나무, p.238.

니라 관행이다. 관행에 근거하여 자동화 시스템 개발이 된다면 모든 인간의 창작은 기계가 대신하게 되며 인간의 상상력과 표현능력은 사멸될 것이다. 인간의 창작은 원리에 근거할 수 없고 이를 극복하는 작업이다. 지각의 경향이나 아름다움과 같은 감각의 영역을 관장하는 뇌의 신경조직이 하는 일은 이를 처리하는 것(Processing)일 뿐 이를 생산(Production)해 내는 것이 아니다. 뇌신경학 또한 이 처리과정의 경험을 확인하는 작업이며 이런 경험은 충분하게 검증되었다. 인간의 지각과 인지에 있어서 중요한 것은 이미 확인된 사실에 대한 재확인이 아니라 발전과 생산이다. 아이큐와 같이 머리가 좋다는 사실이 인간의 지적 발전과의 연관을 밝히는 일은 불가능하다. 머리가 좋다는 것은 지식의 축적과 이에 대한 활용의 문맥의 근간이 될 뿐 이것의 발전과는 다르다. 이와 똑같이 특정 인물의 뇌신경이 이것의 처리에 비교적 능숙하도록 발달해 있다고 해서 지각과 인지 그리고 이에 대한 정서적 감각을 발전시키는 것이 아니다. 지각과 인지 그리고 정서는 사회적 영향력과 역사 그리고 인간들 간의 소통적 필요와 성숙함으로 인해 확대되고 발전할 수 있는 종합적인 것이기 때문이다. 따라서 뇌신경학에서 바라보는 지각과 인지는 인간의, 일반적인 지각과 인지의 생산 활동을 설명하지 못한다. 차라리 일반 심리학의 영역으로부터 간접적으로 지각과 인지의 과정을 이해할 때 더욱 생산적인 파악이 될 수 있을 것이다.

2) 심리학에 근거한 인지의 접근

지각 심리는 감각, 형태지각, 색채지각, 운동지각, 거리지각, 소리지각, 지각과 경험 등의 내용들로 구성되어 있다. 이는 오래전 로크(J. Locke)가 인식론의 논쟁거리인 형태, 크기, 공간 및 운동과 같은 일차속성과 색채, 소리 및 기타 감각과 같은 이차속성들의 지각과정과 그 원인들을 다루었던 것과 실은 일직선상에 있다. 단지 오늘날의 지각연구자들은 이를 실험과 검증을 통해 이를 비교적 구체적으로 다루고 있다. 본 장에서는 라이프니츠의 단자론으로부터 지각과 인지의 심리적 문제에 접근한다.

동서양의 지성은 우주를 원자를 통해 이해했다. 공기, 불, 물, 땅과 같은 요소로서 이해하는 것이다. 이 원칙에 충실하여 라이프니츠(Leibniz, Gottfried Wilhelm)는 영국 감각주의 및 데카르트주의와의 논쟁에서 최초로 지각과 통각을 구분했다. 그는 표상의 명석 판명함의 정도에 따라 단자(單子)들이 각기 단계 영역들로 서열화된다는 이론을 폈다. 그리고 이에 일치하게끔 무의식적인 지각 또는 미소지각(微小知覺)이라는 개념을 만들어, 이것의 영역은 통각을 통해서 의식에 도달하는 지각의 영역보다 본질적으로 더 중요하다고 보았다. 이것이 오늘날 보통 지각 혹은 순수지각이라 부르는 것이다. 순수지각의 발견은 합리론과 경험론에서 똑같이 타당한 것으로 받아들이는 주장, 즉 정신은 자기의식에 포함된 것만큼을 자신 속에 포함하고 있다는 주장을 부정한 것이었으며, 무의식적인 심리적인 과정이 존재한다는 사실을, 그것이 훨씬 뒤에 심리학에 수용되기에 앞서 선구적으로 인식한 것이다.

그는 의식적인 지각과 반성이 없는 무한한 양의 지각이 우리 내부에 언제나 있다는 것, 다시 말해서 우리가 의식하지 못하는 변화들이 마음 자체 내에 있다고 했다. 왜냐하면 이러한 인상들은 무수히 많은 미세한 것들이거나 혹은 단조로운 것들이어서 개별적으로는 충분한 식별징표가 드러나지 않기 때문이다. 그럼에도 불구하고 그 인상들은 다른 인상들과 함께 작용할 수 있고, 최소한 혼란된 방식으로나마 지각될 수 있다. 한편 라이프니츠는 인간의 지각을 하나의 무한한 과정으로 기술한다. "우리는 지금의 상태에서 멀리 넘어서 있는 새로운 상태로 나아가도록 규정되어 있다. 게다가 우리는 무한히 계속해서 나아갈 수가 있다."고 <궁극적으로 시원적인 것에 대하여>에서 언급한 바 있다. 그는 지각을 통한 실천이 사유의 대상을 매개해 줄 뿐만이 아니라 동시에 인간의 사유능력을 발전시킨다고 주장한다. 그는 보편적이며 영원한 진리와 우연적인 개별 사물들의 진리를 구분한다. "보편적이며 영원한 진리에 대해 갖는 확실성의 근거는 감각에 의존하지 않는 관념들 자체에 있다……. 그러나 감각적 속성들에 대한 관념들은 감각들로부터 생긴다. 또한 우연적이고 개별적인 사물들의 진리를 떠받치는 토대는 감각현상들이 지성적 진리들이 요구하는 방식대로 결합하는 시간적인 순서에 있다."32)고 말한다. 라이프니츠는 표현에 대한 시간적인 절차에 의한

---

32) W. 사하키안, Ibid, pp.193 - 200.

지각과정이 일어난다고 볼 때 다양한 방식의 과정적 감각에 대한 지각이 지속적으로 변화한다고 볼 수 있는 것이다.

지각과 인지의 과정과 관계는 라이프니츠로서는 해결하기 어려운 문제였다. 오늘날의 지각 심리학자들은 경험론과 선험론의 논쟁들을 실증적으로 해결하고자 노력해 왔다. 우리는 어떻게 해서 2차원 망막상에서 3차원 세계를 경험하게 되는가? 시감각 단서들과 비시감각 단서(Non-Visual Cues)를 연합하여 거리를 판단하게 되는가? 아니면 망막 그 자체에 공간부호들이 있어 거리 판단이 용이한가? 착시는 왜 일어나며 그 배후의 생리적 또는 성적 원인들은 무엇인가? 대상들이 구조적 특성들을 가지고 우리의 의식에 질서 있게 나타나게 되는 것은 감각 단서들을 과거경험에 비추어 추리하였기 때문인가? 아니면 지각표상과 뇌의 장 과정이 구조적으로 동일하기 때문인가? 지각표상(Percept)과 심상(Image)은 어떻게 다른가? 수많은 형태들을 재인할 수 있는 것은 어떻게 가능한가? 이러한 물음들에 대한 해답을 지각심리학자들은 정교한 실험을 통해 찾고자 하였다. 지각심리학자들은 이론적 그리고 방법론적 선호에 따라 특정 지각의 원인을 여러 설명 수준에서 모색[33]한다.

이에 대한 심리학적 접근은 두 가지 대비되는 경향을 생산하는데 그것이 게슈탈트이론과 미국의 행동주의이다. 게슈탈트이론은 심리학적 단위가 선험적으로 존재한다고 주장하여 칸트의 철학을 지지한 반면 미국의 행동주의는 흄의 경험주의를 지지함으로써 지각은

---

33) 이정민 외 공저(2002), 서울대학교 인지과학연구소, 인지과학, 태학사, p.402.

곧 행동으로 연결되는 자동화 과정을 지닌 것으로 이해한다. 따라서 앞서 말했듯이 미국의 행동주의는 충동(Impulsion)이란 단어를 마치 행동유발의 가장 기본적인 원리로 이해하는 것이다.

미국의 행동주의가 바라보는 지각과 인지에 대한 판단은 앞서 경험과학의 이름하에 설명했다.34) 반면 지각과 인지 그리고 사유의 연결은 단절적일 수 있으며 이는 시간과 지성의 통일성에 의해 이루어지는 것이 아닐 수 있다는 게슈탈트 심리학을 살펴보자.

3) 게슈탈트 심리학에서의 지각과 인지

게슈탈트 심리학은 심리현상의 본질이 전체성에 있다고 주장한다. 앞서 기술했던 19세기 근대과학이 자연과학을 규범으로 하여 요소를 중심으로 심리현상을 기술하려 한다면 게슈탈트 심리학은 요소의 단순한 결합을 통해 심리현상을 이해하지 않고, 요소 그 자체와는 어느 정도 독립된 새로운 것, 즉 형태질(形態質, Gestaltqualität)의 존재를 통해 이를 이해35)하려 한다. 1912년 버트하이머(M. Werthei-mer)와 그의 실험에서 피험자였던 W. 퀼러(W. Koler)와 K. 코프카(K. Koffka)가 이 새로운 심리학을 수립하였다.

---

34) 제2차 세계대전 이후 미국의 행동주의 과학은 경험과학이라는 용어 속에 흡수되어 버렸다.
35) 게슈탈트라는 말은 사물의 추상적인 형태, 질료(質料)와 구별되는 형상을 의미하는 것이 아니라, 그것 자신의 구조 내지는 체제(體制)를 갖는 대상 자체를 의미한다.

(1) 지각적 조직의 원리

우리는 지각세계로부터 출발하여 구성과 추론에 의해서 학문적으로 참되고 타당한 물리학적 세계를 고안한다. 즉 지각의 모든 구성요소들, 특징, 특성들이 순수한 감성적 경험의 소여로서 인지된다는 의미에서의 동질적인 것으로 간주된다. 만약 하나의 사물이 지각작용을 통해 나타난다면, 그 사물은 초지각적인 실재와는 어떠한 관련도 없이 바로 그 지각을 통해서 주어지는 그대로 지각되고 기술된다. 여기에서 초지각적이란 그 지각 밖에 있다는 의미로 받아들여진다. 여기에서 사물이 실제로 있는 그대로의 사물이 아니라 나타나는 그대로의 사물이며, 주어진 작용을 통해서, 오로지 그 작용을 통해서만 경험되는 사물이다.

이를 구성주의자들과 비교하면 보다 명확한 이해를 할 수 있다. 구성주의자들은 마음이 곧 의식경험이라고 생각하고, 마음의 구성요소들을 내성법에 의해 찾고 이를 실험법으로 검증하고자 하였다. 관찰자는 어떤 대상에 대한 자신의 의식경험을 분석할 때 감각요소, 기억상 등이 무엇인지를 보고해야 하고 이때 그 대상의 객관적 성질에 관한 지식의 영향을 가능한 한 배제해야 한다. 게슈탈트주의자들은 현상학의 영향으로 이러한 내성법 대신에 비분석적이고 통합적이며 기능적인 관찰을 강조하였다. 이 관찰법에서는 의식에 직접 주어지고, 그 전체성이 유지되며, 진료를 스스로 체계화하는 주관적 경험이 보고되도록 한다. 이러한 관찰법은 실행하기가 다소 어려우므로, 형태주의자들은 현상학적 시범을 광범위하게 사용하였다. 이

방법은 점, 선 등의 패턴들을 제시하여 관찰자가 평소에 의식하지 못한 지각과정을 반성적으로 경험하도록 하여 형태주의 이론의 타당성을 설득시키는 방법이다. 이러한 주체에 대한 형태주의 접근은 지각의 수행적 측면보다는 의식 경험적 측면에 더 관심을 두는 현상학적 접근법이다.

게슈탈트 심리학의 원리적 선언은 '전체는 부분의 합 이상이다.' 게슈탈트 심리학은 심리현상이 요소의 기계적 결합으로 이루어진다고 하는 무의미한 가산적 합체를 부정한다. 심리현상은 요소의 총화로는 설명할 수 없는 전체성을 갖는 동시에 구조화되어 있다고 하였으며, 이러한 성질을 "게슈탈트"라고 불렀다. 게슈탈트 심리학은 자극과 지각과의 1:1의 대응관계를 부정하고, 자극은 전체적 구조의 테두리 안에서 서로의 역동적 관계 위에서 지각된다고 주장하였다. 만일 우리가 어떤 장면을 시각적으로 인지할 경우 그것은 개별 이미지의 단순한 합이 아니라 총체적인 장면으로 인지한다는 말이다. 지각 대상들은 '큰 단위' 또는 '전체성'(Ganzheit)이다. 간단한 예를 들어 멜로디는 C장조에서 A장조가 될 때에도 그대로 그 멜로디인 것이다. 멜로디는 개개의 음의 합보다 더 많고 새로운 것[36]이다. 전체적으로 이해하는 것은, 지각되는 각 대상들과의 관계에 주목한다는 뜻이다. 이를 정리하면 다음과 같다.[37]

1. 지각은 조직된 것이다. 따라서 지각되는 상황을 구성하고 있는

---

36) 김경희(2000), 게슈탈트 심리학, 학지사, p.52.
37) 김경희, ibid.

요소들이 전부 바뀌더라도 그 요소들 사이의 상호 관련된 바가 동일한 이상 그 지각의 특정한 측면은 계속 동일성을 유지한다.

2. 지각은 그 지각이 하나의 부분으로 속해 있는 전체 장에 의해서 영향을 받는다.

3. 조직된 지각의 성격은 실체 그 자체가 아니라 실체가 다른 대상들과 이루는 관계가 파악된다.

게슈탈트 이론은 항상성-가설을 폐기함으로써 엄밀한 기술적인 입장을 고수하고 있다. 우리가 살아가고 있는 지각세계를 심리학은 물론이고 물리학과 모든 과학이 출발해야 하는 기초로서 지적하고 있다. 왜냐하면 이 이외에 다른 어떠한 출발점도 존재하지 않기 때문이다. 지각세계란 우리가 일상적인 삶의 직접적인 경험에서 알고 있듯이 우리 자신의 신체를 포함하고 있다. 따라서 게슈탈트이론은 특수하고 우월한 의미작용과 지향작용의 방식으로 의도되고 지향되는 바의 사물이다. 후설이 언급한 사물-현상을 다루고 있다고 판단할 수 있다. 기술되고 있는 게슈탈트이론 역시 현상학적인 타당성을 지니고 있다고 보아야 한다.

그러나 게슈탈트 심리학의 원리는 행동주의가 가진 무정형성의 심리적 근거를 극복했지만 부분적이며 특수 상황의 심리적 상태를 이해하지 못한다. 심리적 발달과정이나 지식의 축적도 불가능하게 한다.[38] 지각의 원리가 교육에 의한 전수라든가 환경에 따라 그 원

---

38) D. O. Hebb(1966), Psychology, Sauders, Philadelpia.

리마저 달리 지각될 수 있다[39]거나 지각 자체가 하나의 해석일 수 있다[40]는 여러 비판이 이런 연유로 제기되었다.

(2) 지각적 조직의 유형

게슈탈트 심리학에 따라 지각의 유형을 구분해 보면 몇 가지 원칙이 있다. 일반적으로 원, 삼각형, 사각형과 같은 단순한 기하학적 형태들이 타원이나 다면체 혹은 자유곡선에 의한 형태와 같은 복잡한 형태보다는 쉽게 인지된다. 단순한 형태, 대칭적인 형태, 기억의 용이성과 같이 게슈탈트심리의 실험은 지각의 원리라 할 만한 내용을 유출하는데 이 원리는 지각의 경제적 효용성에 연관 지어져 있다. 즉 지각이 최단시간 안에 인지의 결론을 낼 수 있도록 만드는 형태에 대한 지각이론인 것이다. 이 지각이론에는 유사성(Similarity), 근접성(Proximity), 폐쇄성(Closure), 연속성(Good Continuation)의 원리가 있다.

유사성은 서로 가까이 있거나 비슷한 성격의 물체들을 다 함께 하나의 부류로 보는 경향이 있다는 것이다. 이미지의 성격에는 형태뿐만이 아니라 색채, 질감, 명암 등도 포함된다. 다른 한편, 물체 간의 근접성은 물체를 하나의 그룹으로 보이도록 한다. 근접성이 같을 경우에는 물체의 성격이 닮은 것끼리 그룹 되어 보이는 뜻이다. 유

---

39) J. J. Gibson(1950), The perception of the visual world, Houghton - Mifflin, Boston.
40) F. R. Kilpatrik(1961), Explorations in transactional psychology, NY Univ. Press, New York.

사성과 근접성이 함께 적용되면 구분은 더욱 명확해지며 이는 정도 차이의 감각을 유발한다. 폐쇄성은 근접성과 더불어 지각되는 형태에서 나타나는 특성으로 관찰자는 불완전한 형이나 그룹들을 완전한 형태나 그룹으로 완성시키려는 경향이다. 연속성은 어떤 형태나 그룹이 방향성을 가지고 연속되어 있을 때 이것은 형태 전체의 고유한 특성이 될 수 있다는 것이다. 친숙성(Familiarity) 등이 있다. 이는 불완전한 형태를 관찰자가 이미 알고 있는 익숙한 형태로 연관시켜 이해하려는 것이다.[41]

게슈탈트 심리학은 심리학의 주류적 흐름으로부터 비판을 받았지만 기하학적 감수성을 지닌 이들에게 환영을 받는데 그 이유는 기하학의 세계에서는 하나의 전체가 분리되지 않은 상태로 주어지기 때문이다. 눈으로 볼 수 있는 기하학적 형상(네모)을 형상의 요소(동일한 4개의 직선, 각도, 모서리)로 분리시킬 수 없는 필연성을 지닌다. 위의 원리는 인간의 경험과 상관없는 만큼 지식의 습득에 따라 달라지지도 않는다. 따라서 보편적 원리로 이해할 수 있으며 이런 이유로 게슈탈트 심리학자들은 심리적 원리에 따른 형태를 좋은 형태(Good Form)로 규정할 수 있었다.

이와 같이 경험적 그리고 선험적 지각 심리의 경향을 종합한 것이 피아제의 구조주의이다. 그는 짧게 일어나는 지각은 구조적인 동시에 기능적인 것이라고 이해한다. 그런데 지각은 인간이 소유한 인지능력의 일반적인 체계 속에서 규정되는 것이라서 지각의 결과는

---

41) Ibid.

곧 인지의 부분적인 결과이기도 한 것이다. 즉 시간적 절차가 지각과 인지 사이에 끼어든다기보다 인지의 전반적인 움직임 속에서 지각의 운동이 실행되는 것으로 이해하는 것이다. 이렇게 본다면 지각의 심리학적 차원은 독립적일지 몰라도 결국 지성의 차원과 분리해 내기 어렵다는 칸트의 이론을 보다 경험화한 것이라 볼 수 있다.42) 이 문제는 지각으로부터 시작해서 인지 그리고 지성의 차원까지 이르는 길이 선형적이라는 생각과 지각과 인지 그리고 지성의 조직과 역할이 독립적이라는 두 극단적 의견을 서로 종합적으로 이해한 것이다. 이는 제3장에서 다시 논할 것이다.

3. 광고의 지각과 인지적 효율성의 배경

1) 대중과 효율적 정보

행동주의로 대표되는 현대 광고학계가 지각과 인지를 대하는 방식은 매우 단순하다. 모든 사람이 한꺼번에 대상을 지각하고 인지할 수 있는 부분에만 집중적인 관심을 기울인다. 그 이유는 소비자의 성격이 특별하지 않고 대중적이기 때문이다. 앞서 말한 현대 정보사회의 특성으로 익명성의 대중에게 필요한 지각과 인지의 이론을 필

---

42) 이 내용은 신항식(2004b), 2004년 "영상기호학 자료", 홍익대학교 영상학과 박사과
　　정으로부터 인용, 정리한 것임. p 표시 없음.

요로 하는 것이다.

대중문화의 본질은 기존의 문화적 유산을 소비하는 층이 상류층으로부터 일반대중에게 확산되었다는 사실에 근거하여 이해될 수 없다. 대중은 노동에 지쳐 있기 때문에 지각과 인지를 쉽게 하고자 한다는 데에 본질적인 성격이 있다. 그러다 보니 문화적인 대상마저 오락의 대상으로만 취급하려 한다. 반사적인 반응을 불러일으키는 데는 시각, 청각적인 충격이 가장 대표적이며 충격의 내용이 사람을 기분 나쁘게 하지만 않으면 된다. 부정적인 반응이 없다면 지각되고 인지된 대상은 가치를 획득하는 것으로 치부[43]된다. 이런 대중사회의 출현과 더불어 지각과 인지는 무목적적으로 행해지는 것이 아니라 명백히 개별적인 목적에 의해 조작적으로 행해진다. 이것이 광고가 지각하고 인지하는 과정의 모습이다. 그런데 광고는 소비자를 개별적으로 바라볼 수가 없다. 매체는 기본적으로 익명적인 성격을 지니기 때문이다. 광고를 바라보는 소비자의 지각과 인지과정 또한 그런 과정을 수행한다. 따라서 광고는 지각과 인지의 효과가 가장 뛰어나 보이는 표현물을 주로 사용하려 하는 것이다. 광고에 있어서나 소비자에게 있어서나 지각과 인지는 지각과 인지의 인상적인 선택을 중요시하게 된다.

이런 상황에서 광고대중과 광고인이 과연 어디서 만나는가 하는 점이 현대광고의 핵심으로 자리한다. 광고이론의 핵심 분야인 설득커뮤니케이션은 이 만남의 장소를 정보로 이해하고 목적을 소비자

---

43) 권명광 & 신항식(2003), ibid.

의 행동에 둠으로써 정보의 순수성과 효용적 가치를 우선시하게 된다. 코드의 단일성에 대한 주장, 즉 표현은 언제나 동일한 의미를 발생시킬 것이라고 주장하는 것은 지각과 인지의 대상이 언제 어디서나 동일한 지각과 인지의 결과를 내놓는다는 일원론적 사고이다.

대중의 익명성은 광고에게 일원론적 사고를 유발했지만 광고 커뮤니케이션은 대중에게 역동적일 뿐만 아니라 적응력까지도 갖고 있다. 지각과 인지될 내용은 정해진 장소와 시간이 있는 한 외부적 문맥(환경 혹은 상황)과 내부적 문맥(메시지 구성)에 적합하도록 자율적으로 조절된다. 그러한 흐름이 피드과정(Feeding Process)이다. 발신자는 시작된 메시지 흐름이 기대에 맞게 수신자에 도착했는지 여부를 계속해서 확인(Feedforward)하는 반면, 수신자는 이것이 맞는지 틀리는지의 여부를 발신자에게 계속해서 확인(Feedback)하는 경향이 있다. 전형적인 피드과정은 상호 보완적인 방식으로 전진과 후진을 하며 고리모양을 형성한다. 피드포워드는 발신자가 기존의 인식에 변화를 일으키고 변화가 있을 만한 사건을 예상하여 메시지를 조절하도록 가능케 한다. 광고 메시지 전달의 실수를 회피하게 만드는 것이다. 수신자의 피드백은 자체 시스템의 효율에 관한 정보를 제공하며 그 정보는 시스템으로 다시 전해져 도출된 결과를 바탕으로 한 조절을 가능케 한다. 이런 이유로 지각과 인지의 효과마저도 계량적 처리를 우선으로 하는 사회과학의 현재가 구성된 것이다.

2) 설득 커뮤니케이션으로서 광고의 이론화

수신자로서 생각하지 않는 대중을 설정하고 이 생각하지 않는 수신자가 계속 보내오는 정보를 수적으로 취합하여 정보를 조작하고 이를 다시 대중에게 전달하는 정보처리 과정은 정보와 대중을 단지 통제된 실험대상으로만 이해하는 기계적인 인식론에 근거44)한다. 문제는 기계적인 인식론에 있기도 하지만 무엇보다도 정보와 소비자를 마치 물질과 같이 취급한다는 데에 있다. 이는 설득의 과정을 설명하는 사회과학적 커뮤니케이션의 일반적인 경향에서도 드러난다.

광고는 설득의 목적으로 기본으로 하고 있다. 이런 이유로 광고는 설득커뮤니케이션의 용어 속에서 파악할 수 있다. 전통적인 광고 커뮤니케이션은 설득 전략의 문제를 다룬다. 대중을 지각과 인지의 조작대상으로 설정한 다음, 미디어 텍스트를 조작대상의 수준에 맞추어 구성한다. 그리고 이렇게 만들어진 광고에 대하여 소비자들이 얼마만큼 효과적으로 반응하는가를 따지는 일까지 포함한다. 광고는 비평이나 이론이 아니라 감상 혹은 효과의 문제를 전면에 내세운다. 따라서 지각과 인지의 과정에 대한 직접적인 언급보다 행동이 실현되었느냐 그렇지 않은가에 먼저 관심을 기울인다. 행동 이전에 벌어지는 지각과 인지에 대한 이들의 선형적 이론을 살펴보기 전에 설득

---

44) 윤리의 문제는 아예 거론되지도 않는다. 응용사회과학이 주장하는 광고의 윤리, 역기능성이라는 것은 실은 광고의 역기능이 아니라 광고 크리에이터의 도덕에 관한 사항이다. 이는 광고적 담화의 실용적인 권력을 쥐고 있는 마케팅 관리자들이 자신의 역사적인 책임을 광고 크리에이터에 떠넘기며 사실을 호도하려는 기만전술에 불과하다. 신항식(2004), ibid. pp.115 - 117 참조.

커뮤니케이션의 가장 기본적인 모델인 섀넌의 모델을 잠시 언급한다.

섀넌과 웨버(Claude Shannon & Warren Weaver)의 이론은 설득 커뮤니케이션의 기본구조를 제시한다. 2차 세계대전을 전후로 하여 전기통신의 기술을 기초로 만들어진 이 공학적 모델은 연이어 정보와 커뮤니케이션학(Information and Communication Science)을 세우게 된다. 이 모델은 정보전달 경로의 정확성과 전달된 정보의 의미적 정확성 그리고 행동 반응(Shannon/Weaver, 1975(1949), 32)을 강조함으로써 정보의 신호적 역할을 주장하게 된다. 이들에게는 기호(Sign)와 신호(Signal)가 동일하다. 정보의 신호적 정의를 벗어난 상징적, 지표적, 도상적 기호들이 활용되는 제반 인간적인 커뮤니케이션은 커뮤니케이션의 요소로 취급하지 않는다. 이 모델에서 핵심적인 것은 행동과 반응의 모델을 수립했다는 데에 있는 것이 아니라, 정보를 수적으로 처리할 수 있도록 정보를 동등하게 배열하고 저장해서 서로 치환 가능한 것으로 만들어 버린다는 것이다. 정보의 <상호치환가능성>이 모델의 핵심이다. 따라서 수신자의 반응(Decoding)에 따라 정보를 다시 만들어 송신(Encoding)하려 할 때 기존의 정보적인 내용을 대대적으로 수정할 필요는 없다. 몇 가지 잘못 전달된 정보만을 다른 정보로 치환하면 되는 것이기 때문이다. 정보의 기호학적 기초를 따지지 않고 정보의 정보적 양상만을 고려하는 것은 정보를 다른 정보로 단순하게 바꾸는 것이지 정보의 발전인 양상을 고려하는 것이 아니다.45) 광고 커뮤니케이션에 대한 위와 같

---

45) 권명광 & 신항식(2003), ibid.

은 방식은 지각과 인지를 행동의 도구로만 이해한다. 지각과 인지는 실증적으로 가시화될 수 있는 것이기 때문에, 눈앞에서 분석되고 파악되어 가시화될 수 있는 수준까지 유효성을 지니면 행동의 결과를 냄에 따라 인정되거나 폐기된다.

이런 정보처리 모형에 근거한 설득의 과정은 잘 알려져 있듯이, 호블랜드(Carl Hovland)에 의하여 구체화46)된다. 이후, 라스웰(Harold Lasswell)은 커뮤니케이션이란 "누가, 무엇을, 어떤 경로로, 누구에게, 어떤 효과를 가지고 전달하는가?"47) 의문에 따라 설득 커뮤니케이션 모형을 제시한 바 있다. 이 모든 설득 커뮤니케이션 모델이 자극과 반응, 메시지 형성과 효과의 행동주의에 머물러 있다는 점은 커뮤니케이션의 일방적 양상을 드러낸다. 광고의 주목도(Attention), 인지도(Comprehension), 태도(Attitude), 의도(Intention), 구매(Action) 모두 광고주 일방적인 성격을 지닌 것인 동시에 자극과 반응이라는 정보의 물질적 차원에 집중한다. 전통적인 광고 커뮤니케이션에 있어서 설득은 곧 물질적인 과정인 것이다. 다음으로는 이 과정에 대한 여러 세부적인 논의를 통해 이를 비판하고자 한다.

---

46) Hovland(1953), C. Communication and Persuasion, New Heaven: Yale Univ. Press.
47) Harold D. Lasswell(1978), The Communication of Ideas, New York: Harger Bargerers.

4. 광고정보 처리를 위한 이론적 경향

1) 인지반응모델의 일반론

소비자들은 그들이 접하는 광고정보에 대해 각기 다르게 반응한다. 즉 동일한 광고정보를 접하였을 때에도 어떤 소비자들은 그 광고정보가 진실하다고 생각할 수 있으나 어떤 소비자들은 사실이 아닐 것이라고 생각하기도 한다. 이러한 인지적 반응, 즉 광고정보를 접하였을 때 연상되는 생각에 따라 광고되는 상표에 대한 태도가 결정될 수 있다. 이렇듯 인지반응에 의하여 태도가 결정된다고 보는 이론을 인지반응이론(Cognitive Response Theory)[48]이라고 한다.

이러한 인지반응은 크게 긍정적인 반응과 부정적인 반응으로 대별된다. 이것은 소비자의 특성, 메시지의 특성, 그리고 다양한 환경적인 특성에 따라 달라질 가능성이 있다. 첫째, 소비자의 동기유발과 정보처리능력에 따라 인지반응은 달라질 것이다. 둘째, 소비자의 지식에 따라 인지반응은 달라질 것이다. 즉 소비자가 광고정보에 대한 지식이 많은 경우 인지반응의 양은 많아진다. 만약 제시되는 광고정보가 개인의 지식과 일치하는 경우에는 지지주장을 많이 할 것

---

48) Greenwald, A. G.(1968), "Cognitive Learning, Cognitive Response to Persuasion, and Attitude Change" in A. G. Greenwald, T. C. Brock, & T. M. Ostrom(Eds.), Psychological Foundation of Attitudes, New York: Academic Press, pp.147 - 170; Hastak, Manoj and Jerry C. Olson(1989), "Assessing the Role of Brand - Related Cognitive Responses as Mediators of Communication Effects on Cognitive Structure" in Journal of Consumer Research, 15(March), pp.444 - 456.

이지만, 일치하지 않는다면 부정적인 반응을 많이 할 것이다. 셋째, 메시지가 반복되는 정도에 따라 인지적 반응은 달라질 가능성이 있다. 한 연구에 의하면 메시지가 반복 노출되면 처음에는 부정적인 반응은 다시 증가한다고 한다.

1980년대 중반에 이 분야 연구에 도입된 정서적 반응과 관련된 연구들은 소비자가 정서유발형 광고에 노출된 경우 긍정적이거나 부정적인 정서적 반응이 유발될 수 있으며 이는 광고태도의 매개적 작용에 의하여 상표태도에 영향을 미치는 것으로 제안한다. 최근 일부 연구자들은 인지욕구 및 감성강도와 같은 개인적 특성의 광고 설득에 대한 조절적 작용에 관하여 연구를 하였으나, 인지적 반응과 정서적 반응이 설득에 영향을 미치는 데 있어서 이러한 개인적 특성의 조절적 작용은 아직 밝혀지지 않고 있다.

즉, 광고의 인지반응 이론은 개인의 지각과 인지의 문제를 세부적으로 점검한 것이 아니라 행동 유발의 최종적인 목적에 따라 지각과 인지를 차후에 파악한 것일 뿐이다.

(1) 정교화 가능성모델

심리학자인 페티와 카시오포(Petty and Cacioppo)의 정교화 가능성 모형은 태도변화를 개념화한 모형으로서, 그들은 정보처리와 태도변화는 처리되는 정보의 양과 길이에 달려 있다고 보았다. 이 모형은 소비자의 태도가 중심경로(Central Route)와 주변경로(Peripheral Route)라는 두 가지 설득 경로에 의해서 형성된다고[49] 본다.

소비자가 정보처리를 하고자 하는 동기(Motivation)와 능력(Ability)
이 있을 때는 중심경로를 통하여 정보를 처리한다. 중심경로를 통해
서 이루어지는 설득과정은 정보를 처리하는데 상당한 수준의 인지
적 노력을 필요로 하는데(달리 설명하자면 상당한 수준의 인지적
노력이 있을 때 중심경로를 통해서 정보처리가 이루어짐), 이러한
경우를 정교화 가능성이 높다고 주장한다. 중심경로를 통해서 이루
어지는 정보처리는 소비자의 인지적 노력이 상당한 수준에서 이루
어진 것이기 때문에 한번 태도가 형성되면 잘 변화하지 않는 특성
을 가진다.

  반면 주변경로를 통하여 정보처리를 하는 경우 중심경로보다는
낮은 수준의 인지적 노력을 필요로 하며, 정보처리의 능력이나 정보
처리의 동기도 약하다. 이처럼 주변경로를 통하여 정보처리가 이루
어지는 경우를 정교화 가능성이 낮다고 하며, 정보의 구체적인 내용
보다는 다른 외적인 단서(Cue)에 의하여 태도가 형성된다. 즉 광고
가 제품의 속성보다는 광고모델, 배경음악, 인쇄의 질 등에 의하여
태도가 형성된다는 것이다.

  결과적으로 정교화 가능성 모형에 의하면 상표의 속성인지에 의
한 태도 형성은 중심경로를 통한 것이고, 광고에 대한 태도 형성을
통한 상표태도형성은 주변경로를 통한 정보처리를 한 것이라고 볼
수 있다. 이를 관여도(Involvement)와 함께 생각해 보면, 소비자의
어떤 제품에 대한 관여도 수준이 높은 경우에는 중심경로를 통해서

---

49) 이두희(2004), 광고론, 박영사, pp.169 - 171.

정보처리가 이루어지고 관여도 수준이 낮은 경우에는 주변경로를 통해서 정보처리가 이루어진다.

정교화 가능성 모형에 의하면 소비자가 정보를 정교화할 가능성은 소비자의 개인적 관련성, 인지 욕구, 개인의 책임감 등과 관련이 있다. 예를 들어 정보에 대한 개인적인 관련성이 높으면 정확한 의견이나 태도를 형성하기 위해서 정보를 보다 깊이 처리하려는 욕구가 커진다. 또한 개인의 인지적 욕구가 크거나 책임감이 클 때에도 정보를 깊이 처리하려는 욕구가 커진다. 인지적 욕구란 개인이 당면한 문제와 이와 관련된 상황을 의미 있고 일관된 방법으로 풀어가려는 욕구인데, 인지적 욕구가 높으면 정보를 처리하려는 동기가 커진다. 책임감이 큰 경우에도 정보를 신중하고 사려 깊게 처리하려고 하기 때문에 정교화 가능성은 높아지게 된다.[50]

이 이론이 의미하는 바는 지각은 인지의 하부구조를 이룬다고 본다. 반면, 인지라는 것이 수동적인 것이 아니라 개인에 따라 욕구적일 수 있다는 것이다. 따라서 광고표현의 인지의 관점에서 응용하여 표적 소비자의 정보처리 동기와 능력을 판단하는 것이 매우 중요하다고 할 수 있다. 즉 동기와 능력이 높으면 중심경로를 통하여 정보를 처리할 가능성이 높으므로 광고되는 상표가 '왜 좋은가'(품질이나 장점 강조)를 강한 근거로써 소구함이 바람직하다. 반면 동기와

---

50) Petty, Richard E. and John T. Cacioppo(1983), "Central and Peripheral Routes Persuasion: Application to Advertising" in Larry Percy and Arch Woodside, eds., Advertising Consumer Psychology(Lexington, MA: Lexington Books), pp.3 – 23/(1986), The Elaboration Likelihood Model of Persuasion, NY: Spring Verlag.

능력이 낮을 때에는 주변경로를 통하여 정보처리할 가능성이 많으므로 좋아하는 느낌이 형성되는 단서를 활용하여 광고를 소구함이 효과적이라고 한다. 인지는 곧 개인의 욕구의 표현이다.

(2) 인지구조이론

인지반응의 전통적 모델은 인지의 복잡성이나 태도구성요소의 상호 작용을 고려하지 않는다. 개인의 전반적 감정이나 평가적 반응에만 초점을 둠으로써 개인의 전체적인 태도의 기초를 결정하거나 어떻게 태도를 변화시킬 것인가를 파악하기 어렵다. 지각과 인지에 대한 인지반응 모델과 정교화 가능성 모델이 개인의 지각과 인지의 여부에 집중한다면 인지구조 이론은 개인을 넘어선 모델에 집중한다.

광고정보를 접한 소비자들은 이를 나름대로 평가하고 조직화하는 작업을 하게 된다. 예를 들면 마티즈 자동차광고는 경제성, 편리성이라는 두 개의 속성을 강조하고 있다. 이러한 정보를 소비자가 접했을 때 소비자들은 마티즈라는 자동차를 어떻게 평가할까. 먼저 소비자는 마티즈가 그러한 특성을 가지고 있을까, 만일 가지고 있다면 어느 정도로 가지고 있을까 하는 생각을 할 것이다. 이러한 생각을 종합하여 소비자는 마티즈에 대한 평가를 하게 된다. 즉 인지구조이론이란 광고정보가 제공하는 제품에 관한 다양한 정보를 개별적으로 평가하고(인지), 이를 통합하는 (구조)과정을 의미한다.

위의 예에서 제시된 마티즈가 경제성과 편리성을 가지고 있다고 하더라도 좋은 차로 평가받는 것은 아닐 것이다. 왜냐하면 소비자들

이 과연 경제성과 편리성을 자동차 구매의 중요한 기준으로 삼는가
도 문제가 되기 때문이다. 만약 두 개의 특징이 자동차 구매할 때
결정을 좌우하는 중요한 속성이고, 마티즈가 이러한 점에서 우수한
평가를 받는다면 소비자들은 마티즈에 관하여 최종적으로 좋은 평
가를 내릴 것이다. 이처럼 제품에 대한 속성신념과 그 속성의 중요
도를 곱하여 통합한 것이 최종적인 평가가 되는 것이다.

이러한 인지구조 모델 가운데 대표적인 것이 피시바인의 다속성
태도모델(Fishbeins Attitude Model)[51]이다. 소비자 태도 형성에 있
어 다속성 태도모형은 광고정보에 포함된 제품속성정보에 대하여
소비자들이 신념을 형성하고, 그 속성들이 소비자들에게 얼마나 중
요한가를 통합하여 제품에 대한 태도를 형성하게 되는 것이다. 이때
신념(Belief)은 어떤 제품이 특정속성을 가지고 있다고 믿는 정도를
말한다. 여기에는 보상적 태도모델(Compensatory Attitude Model)
이 추가되는데 이것은 하나 또는 그 이상의 상품속성에 대한 주어
진 대안의 지각된 약점은 다른 속성의 장점으로 보상해 준다고 생
각하는 모델이다. 상표에 대한 태도를 측정할 때 각각의 상표들은
그들이 보유하고 있는 여러 속성들이 전체적으로 평가되며, 각 속성
에 대한 평가의 합계로서 총평가가 되고, 이것이 가장 큰 상표가 선

---

51) Fishbein, Martin (1967), "A Behavior Theory Approach to the Relations Between
   Beliefs about an Object and the Attitude toward the Object" in Readings in
   Attitude Theory and Measurement, M. Fishbein, ed., New York: John Wiley &
   Sons/(1980), "A Theory of Reasoned Action: Some Applications and
   Implications" in Nebraska Symposium on Motivation 1979: Beliefs, Attitudes and
   Values, H. E. Howe, Jr. and M. M. Page, eds., Lincoln: University of Nebraska
   Press, pp.65 - 115.

택된다는 것이다.

이 이론은 인간의 본질이 논리적이며 치밀하고 합리적이라는 관점에 근거한다. 소비자들의 두뇌에서 광고 속의 자극과 메시지에 대해서 치밀하게 정보 처리가 이루어지며, 냉정하게 판단해서 행동을 결정한다고 생각하고 있다. 이러한 인간의 특성은 상품의 구매에도 영향을 미치게 되며, 제품의 모든 기능을 고려하여 언제나 최상의 상품을 구매하고자 한다고 볼 수 있다. 인지에 대한 복합적인 관점이 이 이론의 핵심적인 부분이라고 본다면 인지에 대한 인식이 복합적인 것인 만큼 앞선 인지반응의 여러 모델이 설명할 수 없는 인지를 공유한다 할 것이다.

(3) 인지 일관성 이론과 부조화 이론

소비자들은 심리적으로 불균형 상태보다는 균형상태를 좋아한다. 만약 소비자들이 불균형상태를 느끼게 되면 심리적인 압박감과 불안감(Psychological Tension)을 느낀다. 이미 많은 학자들이 지각, 태도, 행동, 그리고 태도와 행동 간에는 일관성이 있다고 주장하였으며, 인간의 지각, 태도, 행동 그리고 태도와 행동 간에는 일관성이 존재한다고 믿는 것은 인간이 합리적으로 행동한다는 사실에 기초하고 있다. 때로 소비자들은 비합리적인 행위로 합리적이거나 일관성이 있는 방법으로 설명하려고 한다. 여기에서 대표적인 이론으로는 하이더(Heider)의 균형이론52)이 있다. 하이더(Heider)의 균형

---

52) Edell, J. &Burke, M.(1984). The Moderating Effect of Attitude toward an Ad on

이론은 태도들 간의 불균형이 발생하면 균형을 회복하기 위하여 기존의 태도를 변화시킨다는 사실에 기초하고 있다. 하이더는 개인들이 각각 인지구조를 가지고 있다고 생각하고, 각 개인들의 관계 속에서 태도가 어떻게 변화되고 형성되는가에 관심을 가졌다.

일관성 이론 가운데 가장 논란이 많으면서도 실증적인 증거가 많은 것이 인지부조화 이론(Cognitive Dissonance Theory)이다. 인지부조화 이론에 따르면, 인지하고 있는 두 개의 대상이 불일치하면 부조화 관계에 놓이게 된다고 한다. 이처럼 사람들이 부조화 관계에 놓이면 심리적으로 불편하여 그것을 줄이려고 노력할 것을 예측할 수 있다. 이때 사람들이 부조화를 감소시키기 위해 일반적으로 취할 수 있는 하나의 수단이 선택적 노출, 즉 지지하는 정보는 획득하고 모순되는 정보는 회피하는 것이다. 인지란 대상에 대한 개인의 지식, 신념, 의견을 의미하는 것인데, 개인의 인지구조 내에 있는 인지요소들 간에는 하나의 인지가 다른 인지에 아무런 의미를 갖지 못하는 무관계(Irrelavant), 서로 일치하는 조화관계(Consonant), 논리적으로 불일치하는 부조화 관계(Dissonant) 등 세 가지 관계 중의 하나를 가지게 된다.

소비자들은 광고에서 얻은 정보를 바탕으로 대안들을 평가하고 선택하게 되는데, 만약 인지하고 있는 두 개의 대상이 불일치하면 인지부조화가 발생한다. 이때 태도의 변화나 의견변화, 조화를 이루

Ad Effectiveness Under Different Processing Conditions, in Advances in Consumer Research, Vol.?, T. C. Kinner, (ed.), Provo, UT: Association for Consumer Research, pp.644 – 649.

는 긍정적 정보의 탐색과 회상, 모순되는 정보의 회피, 지각적 왜곡, 행동의 변화 등이다.

소비자들이 이러한 유형의 인지부조화 반응을 보일 때 광고가 어떠한 역할을 할 수 있을 것인가를 생각해 보면, 광고는 먼저 소비자들이 제품을 구매하고 난 후 최초의 기대와 실제의 성능이 일치하도록 소비자의 기대를 확인시켜 주는 역할을 하여야 한다. 예컨대 지나치게 제품의 장점만을 정보로 제시할 것이 아니라, 긍정적인 정보와 부정적인 정보를 동시에 제공함으로써 실제구매결과와 기대의 차이에서 오는 부조화를 줄일 수 있다. 과대광고는 소비자들에게 부조화를 크게 형성하게 만드는 원인이 되기 때문에 지양해야 한다. 또 다른 방법으로는 부조화가 발생하지 않도록 소비자에게 자신의 선택에 대하여 확신을 주는 방법이다. 즉 소비자의 선택은 매우 현명했다는 정보를 구매 후에도 추가적으로 제공함으로써 소비자가 부조화를 느낄 여유를 주지 않는 것도 광고가 할 수 있는 일이다.

광고와 태도에 대한 전통적인 인지적 관점은 자극환경보다는 환경에 대한 사람들의 지각이 우선적이며 이를 지각하고 인지함으로써 대상을 이해할 수 있다고 본다. 개인의 지각과 인지가 태도판단의 중요한 결정요소라고 보는 것이다. 지각과 인지의 과정은 실은 지각, 기억, 문제해결, 의사결정 등이 포함되는데 행동주의자들과는 달리 외적 자극(Stimulus)보다는 이를 받아들이는 지각과 인지의 과정을 더 중요시한다.

이런 의미에서 인간은 어느 정도 능동적이다. 인지부조화에 의해 동기화된 일관성을 추구하고자 하는 인간은 주변조건보다는 주변

조건을 입수하는 주체적 불일치를 더 고통스러워한다. 1960년대 후반 인지의 역동적 요소에 대한 관심이 추론이나 귀인과 같은 좀 더 복잡한 인지과정과 인지표상에 대한 관심을 불러온다. 특히 귀인이론은 사람들이 자기의 행동과 타인의 행동을 어떻게 설명하는가에 대한 해답을 얻고자 하였는데 인간은 여기서 합리적인 존재가 된다.

2) 인지와 태도(Attitude): 주체와 객체

철학적인 관심이 많은 인지과학자들이 주의를 기울였을 법한 과학적 방법의 근본적인 '보이는 것'에 관심을 갖게 되었다. 즉 신체와 물리적 환경의 포함관계는 감각을 통한 것 — 여섯 가지 감각 기관과 그것에 상응하는 여섯 가지 대상들 — 이다. 이들은 눈과 가시적 대상들, 귀와 소리, 코와 냄새, 혀와 맛, 몸과 촉감, 그리고 마음과 사고이다. 이때 감각 기관들은 대략적인 외부 감각 기관이 아니라 실질적인 지각의 물리적 구조를 나타낸다. 우리 사고에서 마음과 사고는 감각기관과 그 대상으로 파악되기 때문에 각각 감각 기관과 그 대상으로 간주된다. 우리는 눈이 가시적 대상을 지각하듯이 마음이 우리의 생각을 지각하는 것을 경험한다. 우리의 신체가 우리의 과학인가? 우리의 신체와 우리의 소유물들이 위협을 받았을 때 겁이 났는지, 우리 몸이 상처를 입었을 때 얼마나 침울하고 얼마나 화가 났었는지 생각해 보자. 정서적인 면에서 우리는 우리의 신체를 우리 자신인 양 판단한다.

하지만 과연 우리는 신체를 자아와 같은 것으로 생각하고 있는가? 손가락(혹은 다른 신체의 일부분)을 잃었을 때 어찌할 바를 몰라 당황하기는 하지만, 그렇다고 해서 우리는 자신의 동일성을 상실했다고 느끼지[53] 않는다. 실제로, 신체의 세포들이 변화해서 볼 수 있듯이, 일반적으로 신체의 전체적인 구성은 매우 빠르게 변한다. 변화하고 있는 신체의 조건 속에서 확언할 수 있는 사실은 고정적인 사실은 없다고 판단할 수 있다. 따라서 순간적인 임팩트를 존재론적으로 파악한다는 것은 어려운 작업이기 이전에 어불성설의 가능성이 크다.

광고제작과 텍스트 중심적인 연구와 창작활동에 접근하려 할 때 위와 같은 인식론은 대단한 해결책을 가지고 있지 못하다. 광고뿐만이 아니라 어떠한 종류의 문화적 텍스트이건 정보와 미의 조합을 소비자의 인지반응을 통해 얻어 낼 수 있으리라고 믿는다면 이는 인간의 의식과 미적 감수성을 매우 순진하게 파악하는 것이다. 광고는 예술이 그렇듯이 의견의 조합으로 이루어지는 것이 아니라 의견의 정체성을 이루고 있는 주체와 객체의 의미론적 구조에 근거해서 창작되는 것이기 때문이다. 실생활의 대화와 같이 메시지의 내용을 교환해 가는 종류의 담화에 근거를 둔 화용론적 담화연구 또한 광고담화의 정보적 사실에 집중하기 때문에 광고텍스트의 연구에는 한계가 있기 마련이다.

이들 모두는 커뮤니케이션상에 던져진 메시지의 피드백을 전제로

---

53) 바렐라. 톰슨. 로쉬(1997), 석봉래 옮김, 인지과학의 철학적 이해, 옥토, p.126.

하고 있기 때문에 어떤 방식으로든 메시지 내용의 정보적 전달 효
과에 집중하게 된다. 그러나 메시지 내용의 정보는 광고 텍스트 전
체 구조에 의하여 구성된 채 소비자에게 다가서는 것이지 메시지의
내용이 독립적으로 취해지는 것이 아니다. 광고의 정보는 메시지의
내용뿐만이 아니라 정서적, 미적, 문맥적 기능 등 커뮤니케이션의
여러 기능이 혼합되어 전달되는 것이라서 오히려 정보는 뒤틀려지
고 긴장을 유발하며 해소되는 과정으로서의 정보로서 존재하는 것[54]
이다. 특히 오늘날의 사회에서 지각과 인지할 정보의 양태는 인지반
응의 여러 양태로만 이해하기에는 한계가 있다.

현대사회는 산업사회로부터 정보사회로 이행했다. 인간의 생산물
이 더 이상 물적 형태보다 정신적 형태로 더 많이 표현된다. 정보
사회는 정보가 주요 생산수단이며 또한 지각과 인지의 대상이 되어
가는 사회다. 인간은 길거리나 일반 생활공간보다 사이버 공간을 더
선호하기도 한다. 더욱이 사이버 공간은 더 이상 허구로 존재하는
것이 아니라 하나의 현실로 존재하며 그 속에서 구체적인 지각과
인지가 수도 없이 벌어진다. 지각과 인지는 이제 정적인 대상이 더
이상 아니다. 현대 정보사회의 지각과 인지의 공간은 생물학이나 개
인 경험의 공간을 벗어나 있다. 대량생산시대에 만들어진 게슈탈트 심
리학의 지각과 인지의 개념 또한 한계가 명확해지고 있다.

오늘날 지각과 인지의 대상인 정신적 정보가 지닌 특징이라면 그
것은 쌍방향적이며 이는 한 번 지각하고 인지하도록 만드는 것이

---

54) 권명광 & 신항식(2003), ibid.

아니라 계속 재지각하고 재인지하게 만드는 것이다. 기존 정보는 한 번 전달된 뒤 다시 다른 정보가 전달될 때까지 시간이 길었다. 그러나 오늘날의 지각과 인지의 대상은 동시적인 동시에 비동시적으로 상호 작용이 벌어진다. 위의 특징만큼 중요한 특징은 지각과 인지할 대상의 수많은 것들이 익명적이라는 사실이다. 따라서 무관심의 상황을 유발하는 만큼 선택적인 상황을 유발하기도 한다. 즉 인간 개인이 지각코자 하는 것만 지각한다는 것이다. 지각의 과정이 지각만으로 끝나는 것으로 이해하는 기존의 게슈탈트 이론과 주목성의 광고는 연속성이 없음으로 인해 사회적 커뮤니케이션을 잃게 된다. 지각을 오성, 즉 인간이 지닌 지성의 운동과 함께 이해하는 것이 필요하다. 이것은 지각과 이성을 따로 분리하여 만들어 놓는 지각 중심의 인식이나 이성 중심의 과학적 인식을 극복하는 일종의 정신적 움직임을 말한다. 이에 대한 의견은 베르그송에게서 그 단초를 발견한다. 그는 이성을 지각 속으로 끌어 와서 이를 감각적으로 소통시키는 주체의 인식론을 주장한다.

베르그송(Bergson, Henri)은 주저인 <창조적 진화-1907>에서 그는 우주의 운동법칙과 변화법칙을 '생'이라는 개념에서 도출하는 존재론을 전개했다. '생명의 약동'이라 일컬었던 정신적 힘은 모든 것에 관철되고, 나아가 그 모든 것을 바로 그러한 상태로 있게 할 뿐만 아니라 또한 발전하도록 이끌어 간다. 이러한 생명의 힘은 그 어떠한 물리적인 것과도 결합하지 않은 상태에서 개별적인 존재 영역들로 분화되어 나타난다.[55] 가령, 동물계에서의 생명의 힘은 식물적이고 직관적인 세계를 넘어서서 지성적인 생명으로 이끄는 운동으로 나타난다. 정신적인 원리인 베르그송의 '생명의 약동'은 몇몇 주석가들이 셸링(Schelling)의 동일철학과 비슷하다. 어떤 사람들은 그 유래를 아리스토텔레스의 '순수 현 실태'에서 찾는다. 신토마스주의자들은 토마스의 존재론에서 범신론적인 특징을[56] 갖는다.

　주체의 궁극적인 현실성을 결정하는 삶의 흐름이란 앞으로 나아가는 진화의 두 정상이라는 기점에 다다르게 되는데 그 하나가 본능이고, 다른 하나가 오성이라는 것이다. 본능에서 오성의 전 단계를 보려고 하는 것은 옳지 못하다. 본능은 오히려 오성과 동가인 인식의 원천이다. 그에게 있어서 본능은 2가지의 특징을 지니고 있다고 보았다. 첫째는 본능은 우리에게 보다 풍부하고 보다 충만한 지식을 제공해 줄 뿐만이 아니라 우리로 하여금 직접 현실 문제에 관심을 갖게 해 준다. 둘째로 본능은 스스로에 대해 반성할 수 없다. 왜냐하면 본능은 정신적인 것이 아니기 때문이다. 이러한 사실이야말로 왜 본능이 스스로를 넘어서서 세계존재에 관한 철학으로 될 수 없는가 하는 이유가 된다. 따라서 오성의 범주에서 그러한 2가지의 한계를 극복할 수 있다고 하였다. 그러나 오성 자체는 그보다 훨씬 더 많은 한계를 가지고 있는 것이다. 즉 오성은 오직 사멸한 것과 경직된 것 그리고 움직이지 않는 것만을 파악할 수 있을 뿐이다.

　베르그송은 직관의 세계를 시간의 지속이라는 점을 근간으로 해석하였다는 사실이다. 과학은 시간을 알지 못하기 때문에 그러한 과학은 변화조차 알지 못한다. 우리들이 어떤 멜로디에 내적으로 일치

---

55) 요하네스 피셜(1988), 백승균 편역, 생철학, 서광사, p.84.
56) 박종호 외, Ibid, p.504.

72

하여 있을 경우 우리는 지속을 가장 순수하게 체험하게 된다. 즉 우리들은 눈을 지그시 감고 음악을 감상하는 가운데 내면세계로 침 잠하게 된다. 이때 하나하나의 음정들은 분석되지 않을 것이고 어떠 한 시간상의 분이나 초도 없을 것이고, 모든 공간부분도 사라질 것 이다. 모든 것이 사라지는 순간에 물질을 극복하고 시간과 공간의 한계를 넘어서며 순수한 지속적인 심령 속에서 체험하게 된다. 우리 가 어떤 행위에 혼신의 힘을 다할 때 우리는 그러한 것을 감지할 수 있다. 즉 이때 '분'이라든가 '초'와 같은 시간 개념은 사라져 가 고 시간과 공간이 있다는 사실도 전혀 느끼지 못하며 과거는 지속 적으로 현재 속으로 흘러 들어가고 현재는 분열되지 않은 채 미래 속으로 향해 들어간다. 이와 같은 전적인 혼신의 행위 속에서 시간 은 중지되고 지속이 시작된다. 이와 같은 것을 우리는 깨어 있을 때 경험한다.

베르그송의 주관적 경험의 세계는 프로이트의 정신분석에 대한 일반적인 이해에 근거하여 이해할 수도 있다. 일반적으로 고전적인 표상은 인간의 지각에 잡힌다. 표상은 지각을 위해 거기에 존재하기 때문이다. 그런데 눈앞에 있는 표상에 대한 지각과 인지가 실은 지 각하거나 인지하여 알 수 있는 것이 아니라는 데에 있다. 그렇다면 지각이나 인지하지 못하는 것을 어떻게 알 수 있는가 그것은 표상 이 아니라 욕망의 형태를 지니고 있다. 그것은 눈앞에서 느끼거나 인지되는 것이 아니라 정념의 어느 공간 혹은 머릿속에서 구성된다. 이것이 욕망 혹은 기억된 지식이다.

이와 같이 주체가 무의식까지 스스로 충만한 지속의 상태를 경험할 때 객체가 주체에게 다가오는데 객체의 전제는 기억이다. 기억은 시간과 공간 상태를 극복하는 것이고 지나가 버린 것은 지금 있는 것으로서 새로 체험하는 것이며 우리들이 알지 못한 채 앞으로 다가오는 것으로 움직이는 것이다. 이미 이 기억 속에서 우리는 공간과 물질을 떠나며 그와 동시에 정신을 일깨우게 된다. 베르그송의 지속은 신체와 영혼이 다 함께 관계한다. 이 두 가지는 서로 분리되어 있지 아니하며 그럼에도 불구하고 뇌의 활동성과 사유를 단순하게 동일한 것으로 간주하는 것을 부정한다. 예를 들면 틀에 박한 실을 모두 뜯어내어 버린다면 옷은 조각조각 분리되어 버릴 것이고 실이 다 타 버리면 옷은 제 구실을 하지 못할 것이다. 마찬가지로 영혼은 신체의 그림자가 아니다. 신체 그 자체는 오직 영혼의 도구인 것이다.

직관의 세계에 들어가기 위해서는 주체는 다시 새로운 개념을 등장시킨다. 즉 이념이다. 즉 하나의 이념을 분명히 밝히기 위해서는 이미 알려진 이념을 통해서 새로운 이념에 대한 설명을 할 수 있어야 한다. 이때 새로운 이념은 이 이념이 새롭기 때문에 지금까지의 통념되는 단어를 가지고는 전혀 서술할 수가 없다. 따라서 내적 고찰을 필요로 한다. 그러므로 우리는 이념이 내면으로부터 우리에게까지 해명되고, 거기에서부터 다른 이념에 대해 새로운 빛을 발상할 수 있을 정도에까지 심연 속으로 들어가야 한다. 이때 사물의 지각에 대한 직관이 타오를 수 있는 것이다. 직관은 이렇게 지속이라는 영역에 임팩트가 되어 있어야 하는 까닭에 일반적인 죽은 개념이 등장하는 시간으로 들어가면 다시금 직관에 의한 지각은 사라지게

74

된다. 예술가가 오직 한 가지 지각만을 위해 행하는 일련의 과정은 모두가 지속의 영역에 머무르기 위함이요. 이때 새로운 직관적인 이념이 떠오르게 되는 것57)이다.

베르그송의 직관의 개념은 주체적 본능과 객체를 이해하는 오성의 종합이라고 말한다. 다시 말하면 직관이란 본능과 더불어 현실성 그 자체를 파악하는 장점을 가진다. 직관은 오성을 포함하여 이것을 움직이는 '무관심한 본능'이다. 따라서 인지반응이론이 보여준 어떤 목적성의 전제가 거부된다. 이와 같이 직관에 의한 이념 혹은 이념적 직관을 설명하지 못한 가운데 있는 많은 광고인들은 늘 허울 좋은 영상물이나 또는 비유만을 지시할 뿐이다.

지금까지 광고표현의 지각과 인지에 대한 설명은 생물학적인 면에 우선적인 관심을 갖고 접근해 온 것만은 확실하다. 따라서 인지심리학을 포함한 사회심리학의 영역에서 다루는 대부분의 이론은 생물적인 측면에서 출발하였으며 그것을 그대로 사회의 모든 움직임으로 판단하였다. 그러나 광고표현의 영역에서는 생물학적인 차원에서 해결하지 못하는 그 무엇이 있다. 소비자의 문화적인 정체성에 대한 무관심에서 오는 결과이다. 모든 문화는 상징에 의거하고 있다. 문화를 탄생시킨 것은 상징능력의 행사였고, 문화의 영속을 가능하게 하는 것은 상징의 사용이다. 상징이 없이는 문화가 있을 수 없고, 그런 인간은 단순한 동물일 뿐, 문화를 가진 존재로서의 인간(Human Being)은 아니라고 할 수 있다.

---

57) 박종호 외,Ibid, p.504.

　이는 광고계의 단순한 질문을 유발한다. "광고하기 위하여 광고를 만들면 광고가 잘 만들어지는가."58)이다. 광고를 만들기 위해서는 주체가 객체(소비자)로부터 거리를 취하는 방식이 아니라 객체에 합일된 모습을 주체의 정신 속에 투여해야 하는 것이다. 광고표현에 대한 소비자의 문화적 지시체계가 광고제작의 주체에게 필요한 이유가 여기에 있다. 이 모든 지각과 인지의 문제를 주체와 객체의 연속적인 커뮤니케이션과 환경적 의미의 중요성으로부터 이해하려는 것이 현상학과 기호학이다.

---

58) 권명광 & 신항식(2003), ibid.

제 **3** 장

현상학과 기호학적 관점에서의 지각과 인지

1. 지각과 인지의 현상학적 이해

인식은 자연, 사회, 사유 등과 같이 상대적으로 한정된 대상 영역 또는 물질세계 전체에 대한 경험적 앎이며, 체계적으로 정돈된 <진술들 및 진술 체계>의 형태로 존재한다. 이러한 진술들 및 진술체계는 각각의 정도의 차이는 있지만 늘 감각적인 직감과 연결되어 있다. 그러나 감각경험, 즉 감각, 지각, 표상의 형태로 행해지는 감각활동이나 감각적인 반영은 인식과정에 꼭 필요한 측면이지만, 합리적으로 가공되지 않은 개개의 감각적인 반영은 개념적인 사유 속에서 진술로 가공될 때에야 비로소 인식이 가능하다. 그리고 진술의 형태를 띤 지식만이 실천 활동의 이론적인 토대가 되는 현상적인 측면에 기초를 두게 되었다. 여기에서 광범위의 현상적인 인식의 테두리 속에서 지각의 좁은 의미로는 의식의 영역을 넘어서지 않는 부분을 가리킨다. 반면에 의식역을 넘어서는 부분을 통각(統覺)이라고 한다. 이를 아리스토텔레스(Aristoteles)에 따르면 모든 사고와 지식은 그 근원을 지각에서 출발하며 따라서 근본적으로 플라톤의 <이데아 Idea>가 존재한다는 견해를 반대하였듯이 통각의 의미는 칸트 이후 현재의 많은 철학자들에게 점차 관심의 대상에서 사라지게 되었다. 반면에 로크(Locke), 버클리(Berkeley) 등의 <감각주의>가 대두됨으로써 지각은 근세에서 다시 한 번 관심의 초점이 되었다. 여기에서 로크는 자신의 지각된 모든 것은 의식에 도달하며 마음은 '백지 상태'이기 때문에, 의식의 영역은 지각의 총체와 동일하다는 것이다. 흄과 버클리 역시 이러한 입장을 취한다. 흄은 의식내용만을 '지각'으로 이해하며, 버클리의 경우 지각한다는 것은 곧 표상을 직접적으로 체험한다는 것을 뜻한다. 이러한 근세의 철학자들이 줄곧 찾아온 본질개념에 의한 인식의 범위를 현대의 현상학에 있어서의 감각, 직관, 직접적인 경험을 통해서 우리에게 주어지는 사물, 과정 등의 외적인 성질의 총체를 개별적이고 우연적이며 가변적인 성질을 갖는다고 하여 기존의 본질적 접근 방식의 개념과는 전혀 차원을 달리하는 변증법적으로 접근하였다.

이러한 인식적 접근방식은 20세기에 들어와서 활발한 논의가 현상학의 시초인 후설(Husserl)에서 태동하기 시작하여 하이데거(Hei-degger), 셸러(Scheler), 사르트르(Sartre) 및 메를로퐁티(Merleau-Ponty)와 같은 독일과 프랑스의 실존철학자들에게까지도 영향을 끼치게 되었다. 특히 후설의 현상학적인 인식은 오늘날에도 철학적 논쟁의 저수지이다. 최근의 심리학적, 사회학적, 언어철학적 및 문화철학적인 탐구들 중 상당수가 후설에 의존하고 있다.

1) 순수현상학적 관점

후설(Husserl, Edmund)은 인식론적, 방법론적인 성격이 뚜렷한 철학으로서 20세기 부르주아 철학의 발전에 커다란 영향을 끼친 선험적 현상학의 창시자이다. 그의 선험적인 현상학은 생철학적인 경향과 실증주의적 경향이 교차하던 후기 부르주아 철학사상의 여러 조류들의 교차점으로 간주할 수 있다. 특히 1884년에서 1886년까지의 기간에 프란츠 브렌타노(Franz Brentano)로부터 많은 영향을 받았다. 브렌타노는 과학적인 철학함의 전제로서 기술심리학(記述心理學)을 발전시키고자 했다. 후설은 의식의 지향성, 즉 의식은 원리상 어떤 것으로 향해 있다는 브렌타노의 사상을 이어받아 그것을 철저하게 만들었다.

이 사상은 '엄밀한 과학적인 철학'을 구축하려는 후설에게 있어서 주축의 역할을 했다. 1901년에 발간한 후설의 <논리연구>가 출간되는데, 이 책은 여러 차례 심리학적으로 접근하였다는 비난을 받게 되는 사상들을 포함하고 있었지만, 현상학에의 출발을 암시하는 계기가 되어주었다. 이후의 후설의 사상은 거리낌 없는 사상으로 받아들여져 많은 현상학적 연구의 표본이 되었다. 그는 주목해야 할 것은 즉자적 대상들도 아니며 대상 없는 사유도 아니다. 이제는 '대상들이 그 안에서 구성되는 의식 작용들'이라고 한 만큼 그의 변증법적인 의미는 '순수'의식에 대한 반대적인 사상을 드러내었다. 이와 같은 그의 주장은 순수과학에 대한 진행과정에 대한 질문을 회피할 수가 있었다. 따라서 '관념론'과 '실재론'의 대립에 대한 것은 아무런 근거가 없는 것으로 파악하였다. 이렇듯 지금까지의 사상적인 조류에 대한 새로운 조망은 많은 현상학자들에게 대수롭지 않은 학문으로 여기거나 혹은 등한히 하는 결과를 나타내었다. 이후의 20, 30년대의 인간학적이거나 실존철학적인 현상학의 변형태들에도 직접 해당한다.

후설은 자신의 <순수현상학과 현상학적 철학의 이념들>을 발표했는데, 이로써 그는 선험철학, 즉 선험적 주관주의 및 '완전히 새로운' 관념론으로 거듭 태어난다. 그럼으로써 1913년에 그의 스승 후설과 현상학적인 제자들 간의 차이가 확고하게 되었다. 후설은 대상적인 측면에서 사념체와 사념작용의 체험 간에 상관성이 존립한다고 주장했을 뿐만이 아니라 주제의 측면에서 대상들과 '세계'에 존재의미와 존재타당성을 부여하는, 구성적인 계기를 찾아내고자 하였다. 이 시기에 후설은 주제를 본질적으로 개별적이면서 일반적인 것으로 보았을 뿐 사회적인 규정성에 대해서는 거의 언급하지 않았다. 현상학의 방법은 플라톤을 상기시키는 '본질 직관'이다. 후설은 이를 주관성을 구성하는 작용에 연관시킴으로써 더욱 상세하게 규정한다. 후설은 모든 존재타당성의 원천으로써 '최종적인 것을 발굴'하고자 했다.

후설의 주관의 관념론적인 면과 객관의 관념론적인 계기가 융합되는 가운데 그의 독창적인 선험적인 현상학의 정초를 지니게 되었다. 그는 선험적 현상학의 내용을 선험적이며 '주관적인 생활'과

'생활세계' 그리고 '객관과학'으로 나눈다. 그는 때때로 이 세 가지 계기 혹은 분야를 자신의 철학을 정초하는 출발점으로 삼는다. 그래서 후설의 선험적인 주관성은 '생활세계'의 반성에 의해서 파악되어야만 한다는 것이다. 후설은 '생활세계'라는 개념으로써 사실적인 사회 역사적 현상들을 기술한다.

후설 사유의 다면성, 즉 서로 모순될 수 있는 다양한 규정은 그가 유물론적이며 변증법적인 대전제를 제외한 채 '엄밀한 학으로서의 철학'의 전제들을 추구했음을 보여준다. 지금까지의 그의 철학적인 사변구조를 통해 '지각'은 그의 선험적인 현상학에 있어서 관심의 대상이 되었던 것은 당연한 개념으로 받아들인다. 외적 지각, 내적 지각, 체험의식, 시간의식, 상기, 기대, 주목함, 파악, 해명 등과 같은 의식의 형태들에 대해 그의 판단이론[59]에 대한 높은 지적 작용에 대한 염두에 있어서 반드시 탐구되어야 하는 명칭으로 간주하였다. 지각에 대한 그의 작용은 먼저 '코기토(Cogito) ― 나는 생각한다. 그러므로 존재 한다. ― '의 대전제 속에 살아가면서도 우리는 코기토의 작용 자체를 지향적 대상으로서 의식하지 못한다는 점을 지적하면서 '반성적'이라는 '내적 지각'의 개념을 정립한다. 따라서 코기토의 작용에 대해 내적 지각은 우리가 상상 '속'에서 상기 '속'에서 혹은 감정이입 등등의 '속'에서도 반성할 수가 있으며, 이들 속에는 의식된 작용을 다양한 가능한 방식을 통해 파악의 대상으로

---

59) 후설(1997), 칼 슈만 편집, 최경호 옮김, 순수현상학과 현상학적 철학의 이념들, 문학과 지성사, pp.42 - 44.

그리고 파악의 근거를 두고서 태도를 취하는 작용의 대상으로 만들 수 있다. 여기에서 내적 지각의 경우에 지각과 지각된 것은 본질적으로 무매개적인 통일성, 하나의 구체적인 코기토 작용의 통일성을 형성하고 있다. 따라서 지각의 작용은 자체 속에 대상을 포함하고 있으며 이것은 오로지 추상화를 통해서만 본질적으로 의존하는 것으로서 분리된다.

우리가 어떤 살아 있는 확신을 반성할 때처럼 만약 지각된 것이 지향적 체험 그 자체라면 지향적 체험들 사이에는 내부적인 지각의 지향적인 체험 사이에 내재적인 관계가 결여되어 있다. 예를 들어 상기에 대한 상기의 경우가 그러하다. 지금의 상기에는 상기된 어제의 상기가 지금 상기의 구체적인 통일성의 내실적인 성분으로서 속해 있지 않다. 지금의 상기는 그 자신의 고유한 충실한 본질에 따라 존재할 수가 있다. 그러나 상기된 어제의 상기는 사실상 그렇지가 못하다. 반면에 상기된 어제의 상기는 그것이 실재로 발생했을 때 필연적으로 지금의 상기와 함께 끊어지지 않는 하나의 동일한 체험, 즉 여러 다양한 구체적인 체험을 통해 끊임없이 둘 사이를 매개하는 체험의 유형에 포함한다. 이런 점에서 초월적인 지각과 그리고 다양하게 초월적으로 관계를 맺는 지향적인 체험은 아주 다른 상태에 놓여 있는 것이다. 사물의 지각작용은 그 내재적인 요소에 의해 현실존재의 사물 자체를 포함하고 있지 않고 단지 체험의 지향점과의 관계만을 유지하는 본질을 지니고 있다. 따라서 하나의 체험은 다른 체험들과 더불어 하나의 전체 속으로 들어갈 수가 있는 것이다. 이렇듯 후설은 지각에 대한 현실존재의 사물과 체험의 지향이라는 대립적인 사고와 더불어 사물 지각[60]은 상기나 상상 속에서 주어지듯이 비현전적인 것을 다시 현전화하는 것이 아니라 생생하게 구체적인 현재 속의 그 자체를 현전화하고 파악하는 것이다.

사물 지각은 직접적으로 직관하는 작용 속에서 우리는 그 '자체'를 직관한다. 그 '자체'는 직관 작용의 파악에서 구축되지 더 높은 단계의 파악에서 구축되는 것이 아니다. 이와 같은 것을 자신의 고유한 의미에 의해서 하는 것이고 그 지각이 달리 작용한다고 가정하는 것은 곧 자신의 고유한 의미에 역행하는 것이 된다. 사물 지각에는 또한 본질 필연적으로 어떤 불충전성이 포함되어 있다. 그것은 불충분함을, 그리고 어떤 의미에서 불완전함을 의미할 뿐 아니라 보다 정확히는 음영짐을 통해 드러남으로써 규정되고 있음을 의미한다. 사물은 필연적으로 단순한 '나타남의 방식' 속에서 주어진다. 이렇듯 불완전한 사물의 지각은 기능적인 지각의 다양성들을 제시할 수가 있는 것이다.

또한 다른 측면으로 사물과 체험 사이의 대립을 전개시켜 보기로 한다면 체험은 드러나는 것이 아니다. 체험의 지각이란 그 사물의 음영 짐으로 나타난 불완전한 지각에 대해 어떤 동일자가 아닌 "절대자"로서 주어진 어떤 무엇에 대한 단적인 직관이라는 것이 함축되어 있다. 즉 사물의 주어짐에 대한 모든 기술은 여기에서 그 의미를 상실하는 것이다. 우리는 이 점을 명확히 깨달아야만 한다. 느낌의 체험은 음영 짐을 갖고 있지 않다. 내가 그것을 주시할 때 나

---

60) Ibid, p.189.

는 절대자를, 즉 한때는 이렇게 다른 때는 저렇게 드러날 수 있는 그러한 측면을 전혀 갖지 않은 절대자를 대면하고 있는 것이다. 따라서 지각사물이 지니고 있는 불완전함을 우리는 이러한 절대자의 대면 속에서 완전함을 찾을 수가 있다. 후설의 경우 지각에 대한 절대적 체험은 명확히 인정을 해야 한다고 하였다. 이 절대적인 체험은 형이상학적인 구성물이 아니라 대응하는 태도변화를 통해 그 절대성 속에서 제시할 수 있다는 것을 언급하고 있다. 이처럼 사물지각에 대한 지향성의 체험은 자신의 '지향적 대상'[61] 즉 대상적인 의미를 갖는다. 이것이야말로 지향성의 근본요소를 이루고 있다. 다시 말하자면 의미를 갖고 있다는 것, 즉 어떤 무엇을 의도하고 있다는 것, 이것은 모든 의식의 근본 특성이다.

하나의 대상, 즉 나무의 경우를 예를 들어 본다면 그것을 바라보고 있는 사람의 관찰점에서부터 지각된다. 그 나무는 크게 혹은 작게 또는 멀리 혹은 가까이 나타나기도 한다. 이러한 속성들은 경험하는 관찰자의 위치와 관련해서 나타난다. 이것을 관찰자의 관점에 의한 소여 방식[62]이라고 한다. 광고표현의 경우 광고크리에이터의 의도가 어떻게 해서 보여주었던 간에 이는 소비자의 소여 방식에 따라 철저히 구분된다. 즉 내용의 성격이 좋고, 나쁨 혹은 옳고 그름에 따라 구분 짓는 임의의 지각 방식에서 떠나 철저히 개개의 모

---

61) Ibid, p.339.
62) 사물에 주어진 원초적인 개념, 후설은 소여를 다양한 시각에서 사물의 '주어짐'을 분석하고 있다. 여기에서는 관찰자의 사물에 대한 지향성을 의미한다. 자료출처, 후설(1997), 칼 슈만 편집, 최경호 옮김, 순수현상학과 현상학적 철학의 이념들, 문학과 지성사, p.573.

든 지각에 대한 소여 방식에 의해 구획된다고 말할 수 있다. 그렇다면 지각된 사물들에 대한 일반적인 동일성 의식은 어떻게 찾아낼 수 있는가에 대한 물음이 제기된다. 따라서 후설은 이를 현상학적인 지각이 객관적인 답을 끄집어내기 위해 노에마[63]라는 것으로 해석한다. 즉 그는 사물에 대한 일정한 소여 방식에서 지각작용을 통해 주어진 지각된 물체로 파악한다. 따라서 객관성은 이와 같은 일련의 지각의 노에마를 통해 가능하게 된다.

그렇다면 광고표현의 경우 우리가 지각하는 표현물에서 지각의 노에마를 발견한다는 것은 어떻게 가능한가. 광고제작과정에서 발현되는 다양한 지각의 소여 방식은 점점 더 동일한 사물에 대한 지각의 노에마를 찾아낸다는 것은 미궁에 빠져들게 하고 만다. 따라서 지각의 노에마에 대한 상호 주관적인 판단과 이해가 없이는 광고표현에 대한 이미지(Image) 혹은 카피(Copy)의 선택은 어려워지기 때문이다. 후설은 지각의 노에마는 주어지는 그대로를 받아들인 "지각된 것 자체"로서 기술함으로써 지각의 노에마를 의미로서 정의하고 있다. 지각은 본질적으로 지향성으로써 특성된[64] 작용이다. 즉 대상화하는 기능을 갖고 있어 주관이 작용을 경험할 때 그 주관은 대상

---

63) 노에마(Noema), 지각된 사물 혹은 주어진 지각작용을 통해서 주어지는 것으로서 정의함. 즉 개별적인 대상은 단순하게 하나의 일방적이며 개별적인 여기 이것, 단일의 어떤 무엇이 아니라 "그 자체에 있어서" 이러이러한 성질을 지닌 것으로서 그 자신의 고유한 양식을 갖고 있는 어떤 무엇("그 자체 존재하는 그대로의 양상을 지닌 존재자"로서)이 대상에 귀속되는 본질적인 속성들의 성분을 지닌 이와 함께 이 대상에 귀속되는 또 다른 이차적인 상대적 규정들을 지닌 그리고 어떤 무엇이다. 자료출처, 후설(1997), 칼 슈만 편집, 최경호 옮김, Ibid, p.88.
64) 아론 칼 비치(1994), 최경호 옮김, 의식의 장, 인간사랑, pp.214-215.

에 직면하게 된다. 주관은 그때 지각된 사물로 향하고, 그 사물을 마음에 두고 있으며, 그것을 파악하며 혹은 달리 표현하여 특수하고도 우월한 지각적인 그리고 자기소여적인 파악방식에서 그 사물을 지향한다. 일정한 그리고 특정한 소여 방식에서 지각된 사물의 나타남과 관련하여, 즉 지각의 노에마나 지각의 의미에 의해 지각하는 주관은 특정한 지각적인 파악작용을 경험한다. 의미는 지각작용의 실재적인 특징이나 구성요소를 가리키는 것이 아니라 상징의미의 경우와 유사한 객관적인 이념적 통일체를 가리킨다.

여기에서 언급한 객관적인 이념적 통일체라는 말의 의미는 엄밀한 의미에서 문화적인 정체성과 그 맥을 같이한다고 볼 수 있다. 즉 '문화'는 맥락에 따라 다른 의미를 가질 수 있다는 점만으로도 쉽게 정의내리기 어렵다. 하지만 문화연구들에서 핵심적으로 사용하는 개념은 문화인류학에 기반을 둔 개념이라고 할 수 있다.

문화는 우리 모두가 맞닥뜨리고 우리 모두가 그것을 통해서만 움직이는 복합적인 일상세계이다. 다양한 문화, 곧 다양한 관습과 신념과 가치들이 하나의 도시 안에 모이기 때문에 도시는 중요한 문화적 분수령이 된다. 사람들은 도시에 살면서 비로소 자신이 어떤 문화를 가지고 있는지를 자각하게 된다. 거기에는 늘 당연시해 오던 어떤 지각의 노에마에 동의하지 않는 자가 언제나 있게 마련이기 때문이다. 마찬가지로 지각의 노에마에 대한 일반적인 객관성은 문화의 동질감에서 출발하여야 한다. 그러나 문화적인 차원으로서의 지각에 대한 연구 및 접근은 현상적인 차원에서만 머무르고 있을 뿐 정작 광고계에서는 이렇다 할 이론적인 체계가 미흡한 실정이다.

특히 광고 크리에이터의 지각의 노에마는 다양하면서도 매우 섬세하다는 것쯤은 누구나가 다 아는 사실이다. 이미 칸트는 예술을 하는 사람의 감각은 일반인의 그것과는 비교가 되지 않을 정도의 느낌을 지니고 있다고 말한 바[65] 있다. 이로써 광고소비자는 감동을 하게 되고 결국은 광고표현에 대한 지각작용이 호의적으로 나타나게 되는 것이다.

2) 신체현상학적 관점

메를로퐁티의 철학을 흔히 '신체(몸) 현상학'이라고 부르는데 그 이유는, 신체에 대한 현상학적인 이해 속에서 그가 신체는 세계를 이해하고 구성하는 결정적인 요인으로 보고 있기 때문이다. 그가 신체성을 철학적 주제로 삼게 된 것은 철학이 지니고 있는 흐름의 갈래인 관념론적인 접근방식인 순수이성주의에서 해결하려는 사유 방식과 실존재론적인 접근방식인 실증주의적 객관주의적 사유방식이다. 이 두 가지의 대립되는 양상의 딜레마를 극복하기 위해 내놓은 철학적인 대안이 '신체현상학'이다. 신체는 의식(대자적 존재)과 육체(즉자적 존재)라는 전통적 이분법을 극복하고 제3의 차원을 말한다.

---

65) 칸트는 천재란 예술에 규칙을 부여하는 재능이다. 이 재능은 예술가의 생득적인 생산적인 능력으로서 그 자신 자연에 속하는 것이므로, 우리는 또 다음과 같이 표현할 수가 있는 것이다. 천재란 생득적인 필연의 소질이요, 이것을 통해서 자연은 예술에 규칙을 부과하는 것이다. 중략, 여기에서 언급된 미적 예술은 필연적으로 천재의 예술로 미리 간주되지 않으면 안 된다고 함을 의미한다. 자료출처, 칸트(2003), 이석윤 역, 판단력 비판, 박영사, pp.186 – 189.

이 3차원은 신체의 현상을 통한 의식으로 특징짓는다.

따라서 신체는 더 이상의 기계론적 생리학과 고전심리학이 전제하는 것처럼, 세계 속에 있는 하나의 대상이 아니며, 그렇다고 모든 것을 통찰하고 자기 마음대로 할 수 있는 순수의식으로 환원할 수 있는 것도 아니다. 이미 환체 현상(Le Membre Fantome)[66]에서 볼 수 있는 것처럼 신체는 의식(뇌)의 명령만을 받고 있는 하나의 로봇이 아니라 살아 있고 기능하는 신체다. 이 신체는 경험을 가능하게 하고 경험 속에서 현재화하는 신체다. 메를로퐁티 자신의 지각의 개념은 신체가 바로 지각을 의미하며 자신의 경험은 지각의 심리학적 환경일 뿐이고, 대상의 의미를 결정하는 데 아무런 영향을 미치지 않는다고 한다. 대상과 나의 신체는 확실히 체계를 형성할 것이나, 한 묶음의 객관적인 상관들이 문제이지 체험을 통한 일치의 총체가 문제가 되는 것은[67] 아니다. 외부의 지각과 고유한 신체의 지각은 동일한 행위의 두면이기 때문에 같이 변한다.

그렇다면 지각의 주체는 누구인가. 여기에서 그는 객관적인 사고는 지각의 주체를 무시한다. 즉 객관적인 사고가 기성의 세계를 모든 가능한 사건의 환경의 사건으로서 자기 자신에게 제공하기 때문이고, 지각을 그 가능한 사건의 하나로서 취급하기 때문이다. 경험주의적 철학자는 주체X가 지각하는 중이라고 보고, 일어나고 있는 것을 기술하려고 노력한다. 즉 주체의 존재 상태나 존재 방식인 그리고 그 때문에 진정한 정신적인 사물인 감각들이 있다는 것이다.

---

66) 메를로퐁티(2003), 류의근 옮김, 지각의 현상학, 문학과 지성사, p.313.
67) Ibid., p.90.

지각하는 주체는 이러한 사물들의 장소이며 사람들이 먼 지역의 동물계를 기술하듯 철학자는 감각들과 그 기층을 기술한다. 자신이 스스로 지각한다는 것, 자신이 지각하는 주체라는 것, 자신이 체험하는 대로의 지각은 지각일반에 대하여 그 자신이 말하는 모든 것에 어긋난다는 것을 깨닫지 못한 채로 말이다. 따라서 메를로퐁티에게 있어서의 지각은 철저히 신체에 대한 주체적인 지각의 형성을 주장하고 있으며 후설 이전의 인식의 관념론적인 범주를 떠나 새로운 지각의 현상을 기술하고 있다.

메를로퐁티에게 있어서 형태의 지각은 매우 중요한 의미를 지닌다. 지각적인 형태는 어디까지나 존재의 한 양상이다. 꼴과 배경의 구조로서 형태는 신체의 이중 감각에서도 파악된다. 예를 들어 내가 내 손으로 어떤 것을 누를 때 나는 이 대상을 지각하지만 동시에 이 대상이 나에게 행사하는 누름(저항)을 지각할 수 있다. 또한 오른손으로 왼손을 잡을 때 나의 오른손은 왼손을 잡는 동시에 잡히는 것을 지각한다. 왼손도 마찬가지다. 오른손이 왼손을 잡는다는 지각(＝꼴)은 왼손이 잡힌다는 지각(＝배경)이 전제되어야 한다. 이런 점에서 촉각(지각)은 주관성과 객관성의 기능하는 교차의 의미에서 반성적 수행68)들의 전형적인 유형이다.

　"나의 봄(vision)이나 나의 손을 탐구하지 않고서는 그리고 나의
신체가 그것과 동시에 발생하기 전에는 지각되는 것 그리고 지각
가능한 것은 단지 모호한 요청일 뿐이다. ……그리하여 앞으로 지

---

68) 한국현상학회(2001), 예술과 현상학, 철학과 현실사, p.291.

각될 지각 가능한 것은 나의 신체에다 일종의 혼란된 문제를 제기한다."69)

이렇게 본다면, 형태심리학에서 언급하고 있는 '지각적인 형태'가 '존재'의 양상으로 교체된 것이다. 독립적인 지각의 소여에 대한 객관성은 사라지고 주체의 신체적인 지각만이 살아남게 되는 것이다. 이와 같이 존재로서의 지각을 고려하는 순간부터 새로운 지각에 대한 변화가 일어난다. 예를 들면 나의 주위에 놓여 있는 볼펜이 있다고 보자. 그것이 이미 다른 도구에 의해 오랫동안 방치되었다고 보면 볼펜은 이미 자신의 실재성을 잃는다. 즉 그것은 나 자신의 무심한 시각에 의해 주어진다는 것을 주목하며, 마침내 그와 같은 시각은 볼펜의 외피적인 성격만이 남아 있고 볼펜 자신이 지니고 있는 물성은 서서히 상실하고 비어질 것이다. 마침내는 아무런 지각의 노에마가 없는 시각적인 구조, 즉 형태와 색깔, 그림자와 빛으로 환원되는 사물로 존재할 뿐이다. 이렇듯 신체가 지니고 있는 존재로서의 지각만이 있을 뿐이다. 따라서 광고표현에서의 지각은 소비자 자신의 주체로서의 소여 방식에 있는 것이다. 따라서 주체로서의 체계의 필요성은 이제 지각의 부분에서도 여실히 드러나 보인다. 왜냐하면 주체에 대한 객관적인 체계와 없는 가운데 지각, 즉 광고표현의 해석적인 차원에 접근한다는 것은 지각의 감각에 대한 섣부른 자의적인 결과만을 초래할 뿐이다.

객관적 사고는 지각의 주체를 무시한다. 그 이유는 객관적 사고

---

69) 리처드 M. 자너(1993), 최경호 옮김, 신체의 현상학, 인간사랑, p.206.

를 통해 기존의 세계에서 모든 가능한 사건의 정보를 이미 자기 자
신에게 제공됨과 동시에, 지각된 것을 사건의 하나로 간주하는 데
익숙하여졌기 때문이다. 따라서 지각 그 자체의 객관적 사실은 이미
인정이 되어 왔지만 주체에 대해서는 아직도 미확정적 객관성으로
남아 있다. 이를 메를로퐁티는 신체-주관에 의해서 밝혀지는 환경
에 대해 정상적으로 그리고 통일적으로 경험하는 과정에서 이 환경
은 신체-주관의 각각의 모든 감각기관들에서 동일한 것으로 경험
된다[70]고 언급하고 있다.

> "나의 신체는 시간을 소유하고 있으며 현재에 대한 과거와 미래
> 를 실존시키고 있다. 나의 신체는 사물이 아니며, 시간 속에 있다
> 기보다는 시간을 만들어 낸다. 그러나 시간의 어느 한 부분을 고정
> 화시키는 작용은 반복하고 있어야 한다. 왜냐하면 만약 그렇지 않
> 다면 그 모든 작용은 무의식에로 떨어지기 때문이다. ……그 작용
> 이 우리로 하여금 시간의 어느 한 부분에서 붙들어 매어놓음은 그
> 리고 그 작용이 수행하는 종합은 그 자체가 시간적인 현상이고, 흘
> 러가 버리는 것이며, 또 시간성 자체인 새로운 작용 속에서 재파악
> 되는 것으로만 살아남을 수 있다. ……감각적인 탐구 속에서 과거
> 를 현재에다 밀어놓고 현재를 미래에다 방위 짓는 자는 수동적인
> 주관으로서 간주되는 '나'(I)가 아니다. 이것은 내가 신체를 가지는
> 한에서, 내가 어떤 무엇을 '주시할 수' 있다는 한에서 객체로서의
> 나(me)이다."[71]

---

70) Ibid, p265
71) Ibid, p.274.

이렇듯 시간적인 종합성은 지각은 '어느 누구나'의 세계로 열려 있는 것이다. 왜냐하면 순간적인 지금의 대상과 마찬가지로 그 대상에 대한 나의 의식도 사라져 버리기 때문이다. 마찬가지로 광고표현은 순간적인 대상에 대한 지각에서 판가름된다고 볼 수 있기 때문에 객체를 주체화시키는 신체현상학적 작업은 필수적이다. 직관의 순간을 방향성 있게 만들 수 있는 방법은 광고제작자의 객체적 감수성밖에 없기 때문이다.

주체의 지각과 인지의 역동성의 근원은 체계외적인 요소를 걸러내어 이를 체계 안으로 끌어들이고, 반대로 체계 안에 있으나 더 이상 관여의 대열에 포함되지 않는 요소를 체계 밖으로 추방시키는 부단한 과정이다. 체계 밖의 영역에 고정되어 있는 것으로 보이는 요소들 가운데에서 일부는 역동적 과정을 통해 다음 단계에서는 구조적, 체계적 요소로 변환될 수 있다. 체계 외적 요소를 과학의 영역에서 배제함으로써 기술하기를 거부한다는 것은 역동성의 근원을 배제하는 것이며, 그 결과 남는 것은 진화와 항상성(Homeostasis) 사이에 어떠한 조작도 배척되는 죽은 구조일 뿐이다.

이와 같이 소비자가 광고표현에 대해 어떠한 문화적 지시체계를 통하여 반응을 한다는 것은 실은 광고 제작 주체의 역동적인 체계를 의미한다. 특히 문화의 변화, 적응능력은 비언어와 모든 문화에 내재하는 번식 경향이 상호 작용하는 기능이다. 번식경향은 커뮤니케이션의 불완전함을 보상하려는 요구와, 문화에 의해 습득되고 계속 늘어나는 정보를 진행하고 순환시키려는 요구의 결과이다. 문화에서 변화란 문화의 구조적인 예비자원이며, 비언어에 의해서도 인

정되지 않는 탈구조화된 비문화적 '주변'에서 요소를 이끌어 내 문
화에 편입함으로써 만들어진다.

2. 기호학적 관점의 지각과 인지

최초의 기호학 저서인 <기독교 교리>에서 어거스틴은 "기호는 그
자체가 우리의 감각에 주는 인상을 넘어서는 어떤 것을 생각하게
해 주는 사물이다." 기호는 사물을 지시체(Referent)로서 설명하지
않는다. 기케로 이후의 수사학에서는 전통적으로 다루어온 사물과
기호를 언급하지만 사물을 기호의 지시체(Referent)로 보는 것이 아
니라 지각 대상의 관심 정도에 따라서 사물과 기호를 구분한다. 즉
관심의 대상인 사물, 즉 기호는 소비자의 대상인 반면 관심 영역
밖의 사물은 향유의 대상이 된다.

> "의미하는(Signifier), 즉 기호를 만드는 유일한 이유는 기호를 만
> 드는 자가 내면에 지니고 있는 것을 세상에 드러내거나 다른 이의
> 마음속에 전달하기 위해서이다."72)

여기에서 기호들이 가져다주는 것은 발화자의 마음속에 있던 것,
즉 체험된 의미이며 의미한다는 것은 드러내 보이는 것을 의미한다.

---

72) 김치수 외(2002), 현대기호학의 발전, 서울대학교 출판부, pp.16 - 17.

현상학이 지각과 인지를 주체와 객체의 합일로서 이해했다면 기호학은 그 합일이 드러난 것을 파악하는 작업이다. 데이비드 슬레스(David Sless)의 (Author - Text - Reader)에서 언급한 저자(Author)는 텍스트(여기서는 광고표현)를 만들 때 자신의 독자(Reader)를 상정한다.73) 저자와 독자는 동일한 소비자의 '지시체계'라는 점과 부합한다.

1) 퍼스의 기호분류법에 근거한 지각과 인지

문화연구를 위한 새로운 이론과 시각의 정립을 위해 우리는 오늘날 인문학 전반에 큰 영향을 미치고 있는 기호학에 주목하지 않을 수 없다. 기호학적 관심은 인간의 언어, 사고, 행위 간의 관계에 대한 구조적 관심으로부터 싹트기 시작했으며, 이러한 관심이 기호학이라는 학문적인 체제를 갖추기 시작한 19세기 말 이래로, 이는 인간 정신의 다양한 측면을 체계적으로 이해하기 위한 이론과 시각으로74) 정립되었다. 여기서 지각과 인지가 어떻게 이성의 과정과 서로 융합하는가를 이해할 수 있다.

퍼스(Peirce, Charles Sanders)의 기호학은 형이상학일 뿐 아니라 무엇보다 현상학적 기호의 분류이론75)이다. 기호는 자신의 삼원적인 구조에 따라 이를 구성하는 3가지 요소, 즉 기호 그 자신 또는

---

73) David Sless(1986), In Search of Semiotics, London & Sydney; Croom Helm, p.123.
74) 송효섭(2000), 문화기호학, 아르케, pp.18 - 20.
75) 김치수 외(2002), Ibid, p.30.

표상체(Representation), 대상체(Object), 해석체(Interpresent)의 관점
에서 각각 3가지로 나누어진다. 그가 사용한 기호화 과정(Semiosis)
이란 술어는 기호자체의 해석체를 생성하거나 산출하는 기호의 작
용(Action)을 지시한다. 해석주체가 해석을 하는 행위는 해석체의
특별한 경우로 간주될 수 있겠지만 그 같은 인과관계는 기호작용
그 자체에 또 그 작용의 과정에 고정되어 있다.76)

> '기호는 자신에 의해 생성되거나 한정되는 무엇(Something)인가
> 를 대신하고 있다.(……)' 기호가 대신하고 있는 이것이 바로 '대상
> (Object)'이며, 기호에 의해 전달되는 것이 의미이다. 그리고 기호
> 에 의해 떠오르는 생각이 바로 기호의 해석체이다.'77)

즉 기호의 공통적인 특징은 '~을 대신하다(Stand for)'의 관계인
데 이는 기호(Sign)를 대상체(Object)와 합쳐져서 의미를 생성하는
해석체가 있음으로 발생하는 것이다. 이 세 항목이 서로 연계되면서
삼원적인 관계를 가지게 된다. 퍼스(Peirce)의 해석체는 사전에 의해
고정되거나 정의되는 것이라기보다는 '해석자의 마음속에 일어나는
심리적인 사건이다.'78) 따라서 기호(Sign) 또는 표현체(Representati-
on)는 오직 그것의 해석체와 그리고 그것이 지칭하는 대상(Object)
과의 관계 속에서 이해된다. 여기에서 퍼스의 '해석체'는 소비자(광
고제작자<Author>와 소비자<Reader>)의 '지시체계'이다.

---

76) 김치수 외 3인(2002), Ibid, pp.73 - 76.
77) Peirce(1931~1935), Charles Sanders, *Collected Papers of Charles Sanders
   Peirce*, Cambridge: Harvard University Press.
78) 박정순(1997), 대중매체의 기호학, 나남 출판, p.142.

　한편, 퍼스의 삼부모형 이론 가운데 언급되고 있는 해석체(Interpretant)는 해석자(Interpreter)[79] 자신의 문화적인 정체성(Cultural Identity)[80]으로 인한 객관성의 오류에 빠져들 수 있기 때문에 해석의 고리를 계속 순환시켜야 한다. 지각하고 인지한 것에 대한 계속적인 재지각과 인식 그리고 이성의 활동을 중지하지 말아야 하는 것이다. 이는 해석자의 철저한 자기 관계적(Autopoiesis)[81] 지시체계(Reference System)를 구축한 상태에서 대상(Object)[82]에 대한 연구가 확립되어야 함을 지적하고 있는 것이다.

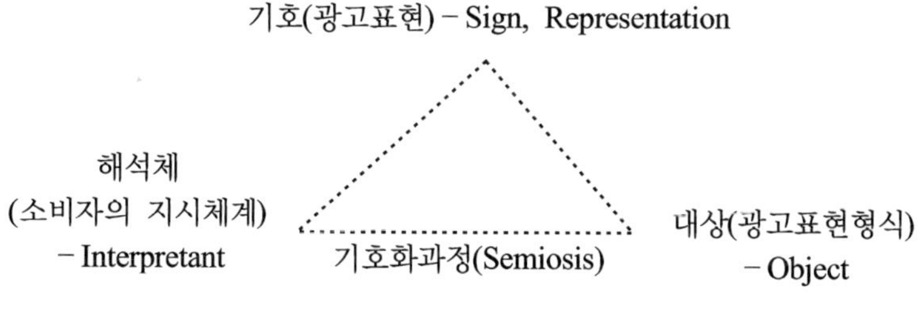

〈그림2〉 퍼스(Peirce)의 삼부모형을 통한 기호화과정(Semiosis)

---

79) 퍼스의 학문체계 가운데에서 해석체이론(theory of interpretant)에서 나오는 말로서 모든 기호의 범주를 표상체(representation), 대상체(object), 해석체(interpretant)라는 요소로 만들어진 삼원적인 존재이라고 단정하였다. 자료 출처 김치수 외 3인(2002), 기호학의 발전, 서울대학교 출판부, pp.31 - 39.

80) 문화연구는 개인과 집단이 그들의 정체성이나 자기이해를 구성하고 교섭하고 방어하는 맥락을 조사하는 한, 정체성의 문제는 문화연구에서 중심적이다. 앤드류 에드거(2003), 박영진 외 옮김, 문화이론 사전, 한 나래, p.378.

81) 자기관계적(Autopoiesis) 체계란 살아 있는 유기체가 '자율(Autopoiesis)'을 통해 다른 유기체들과 깊은 연관성을 맺는 가운데 스스로 생산하고, 스스로 조직하며, 자기 관계적으로 스스로 유지하는 것을 말한다. 김성재(2002), 체계이론과 커뮤니케이션, 커뮤니케이션북스, p.51.

82) 퍼스의 삼부모형의 기호 범주 가운데 대상(object)을 의미한다.

도식에서 보는 바와 같이 또한 광고표현(Sign)의 대상(Object)체는 제품관여도에 따른 광고유형방식으로 하였다. <그림4>는 이를 도식으로 표시하였으며 기호화 과정(Semiosis)은 반복을 통한 의미의 생성과정이라고 볼 수 있다.

퍼스는 특유한 삼분법으로 모든 실체의 존재양상을 규명하고자 한다. 즉 실체의 현상학적 존재양상을 '일차성'(Firstness), '이차성'(Secondness), '삼차성'(Thirdness)으로 나누어 설명을 한다. 일차성은 그 자체로서 능동적으로, 다른 어떤 것에도 관련되지 않고 존재하는 것을 말한다. 따라서 때 묻지 않은 순수한 감정을 의미하며 이차성은 그 자체가 능동적인 상태에서 제2의 존재에 의해 존재하는 양상을 의미한다. 다시 말하면 어떤 것이든 제2의 존재와 내재적인 관계를 맺지 않고는 존재할 수 없거나 이해할 수 없는 것은 제2의 존재양상을 지닌다. 마지막으로 삼차성은 '그 자체로서 능동적으로, 2차적인 것과 3차적인 것을 서로 간에 관계를 맺도록 하면서' 존재하는 양상이다. 여기에서 가장 중요한 것은 가장 높은 층위에 있는 존재양상에 대한 '중재'(Mediation)란 개념이다. 즉 일차성과 이차성에 대한 관계를 '중재'할 경우 그것은 '삼차성'을 띠게 된다.

여기에서 퍼스의 삼부모형에 대한 도식이 성립한다. 퍼스는 특유의 삼원법으로 기호를 규정할 뿐만이 아니라 기호의 범주를 계속해서 나누었다. 먼저 기호는 표상체(Representation), 대상체(Object), 해석체(Interpretant)라는 요소로 만들어진 삼원적인 존재이다. 기호는 일반적으로 그가 중재할 수 있는 2가지 실재사이의 중재자로서 규정된다.

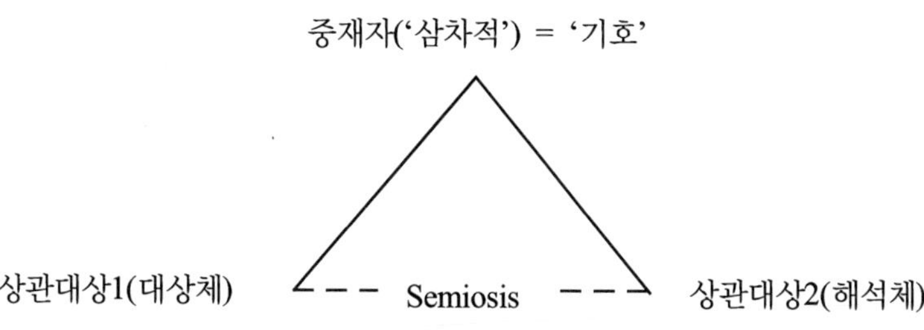

〈그림3〉 해석체(Interpretant)와 대상(Object)과의 기호화과정(Semiosis)

이에 따라 퍼스의 미학 역시 그의 독특한 현상학적 범주로 규정된다. 3가지 존재양상 중 퍼스 자신이 감정(Feeling)을 예로 든 1차적 범주는 미학적 측면과 연관이 깊다. 일차성은 직접적(Immediate)이며 반성 이전(Pre‑Reflexive)의 단계이기 때문이다. 퍼스가 제안한 기호를 구성하는 요소 중 해석체는 모리스에 의해 마음속에 일어나는 과정으로 이해되어 수용되었다. 퍼스의 해석체 이론에 의하면 해석체 역시 삼원적으로 나누어진다.

이 가운데 '정서적 해석체'(Emotional Interpretant)는 감정과 속성에 강하게 연결되며, '역동적 해석체'(Energetic Interpretant)는 노력과 함께 반동도 수반되는 해석체를 지칭하고 마지막으로 일반개념의 이해를 예로 들 수 있는 '논리적 해석체(Logical Interpretant)가 있다. 그런데 이들은 각각 일차성, 이차성, 삼차성의 존재양상을 지니고 있다. 미학기호에 의해 야기되는 정서적 해석체는 1차적이며 직접적인 해석체로서 다른 해석의 바탕이 된다. 본 연구 역시 정서적 해석체의 범주에서 지시체계를 확보하였으며 일차성으로 지각,

이차성으로는 인식의 범주로, 삼차성으로는 해석으로 하여 도상에서의 주목에 대한 자연스러운 기억을 통한 새로운 종합으로서의 미학적 패러다임의 체계를 갖추었다.

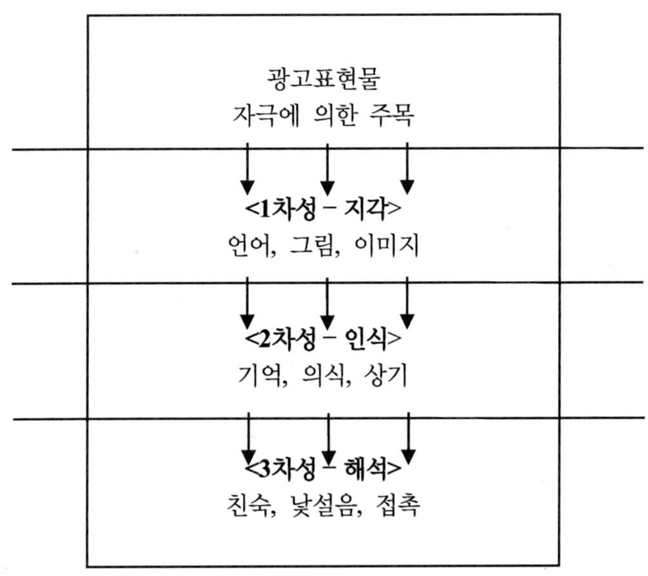

이러한 해석체가 지니고 있는 구조는 이미 퍼스의 삼차성이라는 범주를 앞서 설명하였다. 여기에서 삼차성이 지니고 있는 대상에 대한 의미구조는 다시 루만의 체계이론 가운데 언급된 시간과 연관을 지닌다. 즉 대상에 대한 소비자의 광고표현에 대한 선택은 일순간이라는 시간의 복잡성으로 인해 선택에 있어서 이성이 없는 자기 관계적으로 행위를 한다는 점이다. 따라서 본 연구에서의 해석체는 대

상으로 인한 수동적인 위치에 의한 해석이 아니라 보다 소비자 자신이 지니고 있는 소여 방식의 노에마에 의해 행위 혹은 체험을 한다고 본다. 이렇게 해서 지각과 인지가 해석의 차원에서 계속적으로 갱신되는 것이다.

2) 기호 의미론적 관점에서의 지각과 인지의 위치

글과 이미지의 지각과 인지를 동일한 수준에서 이해한 이는 바르트(Roland Barthes)이다. 인간 주체의 지각과 인지의 문제로부터 인간이 만들어 놓은 대상의 지각과 인지의 문제로 전환한다 할 것이다. 그는 일반적으로 광고에서 3가지의 전언(Message)을 끄집어낸다고 한다. 물론 이 전언들은 기표와 기의의 결합으로 이루어져 있다. 첫 번째의 전언은 언어가 매체이다. 이 전언은 이중으로 구성되어 있다. 하나는 외시적 의미이고, 다른 하나는 공시적 의미이다. 두 번째의 전언은 이미지에서 비롯되는데, 바르트는 여기서 4가지 기호를 가려낸다. 기표, 기의, 가치, 미적 기의이다. 세 번째 전언은 상사적 전언이다(Representation Analogue). 이는 문화적인 지식을 필요로 하지 않는 영역이다. 따라서 단지 "약호가 없는 전언"으로서 이미지의 그 자체만을 의미한다고 볼 수 있다.

수신자에게 필요한 지식이라 할 만한 것은 사진의 이미지에 해당하는 실제 사물의 정체를 즉각적으로 파악하는 데 동원되는 우리의 지각과 결부되어 있는 지식이다. 그것은 인간 모두에게 공통되고 역사를 초월해 있기 때문에 인류학적 지식이라 할 만한 지식[83]이다. 이 전언은 이미지의 문자라 할 수 있으므로 바르트는 이를 "글자 그대로의 전언"이라고 부른다.

또한 바르트는 글자 그대로의 전언이 상징적 전언이 존립할 수 있기 위한 매체의 구실을 하기 때문에 전자에서 전언에서 파악된 이미지를 '외시적 이미지'라고 부른다. 그렇다면 바르트에게 광고를 구성하는 언어를 통한 전언과 이미지는 양자가 모두 외시적 의미와 공시적 의미를 담고 있다고 말할 수 있을 것이다. 바르트는 앞에서 추출한 3가지 전언들을 전체적으로 파악할 수 있는 '최종적인 관계'가 무엇인지를 규명하려고 하는데, 결국 이러한 시도는 광고에 있어서 외시와 공시의 관계를 규명하는 문제로 귀착한다.

광고에서 언어를 통한 전언과 이미지의 관계를 살펴보자. 이미지는 본래 다의적인 성격을 띠고 있다, 바르트에 따르면 광고에서 언어를 통한 전언, 특히 외시적 전언은 '부유하는 기의들의 띠'를 한 곳에 정박시키는 역할을 한다고 하여 정박기능 혹은 닻(Anchorage)의 기능이라고 한다. 즉 그것은 장면과 장면을 채우고 있는 요소들의 정체를 분간 ― 이미지를 앞에 두고 '이것은 무엇일까?'라는 물음에 대한 대답 ― 하는 역할을 한다. 언어를 통한 외시적 전언은 말하자면 '이미지에 대한 외시적 묘사'이다 아울러 바르트는 다른

---

83) 바르트는 사진을 외시적인 면에서 실재 사물(이것은 사진의 기의에 해당한다)에서 보제된 사물, 즉 이미지(이것은 사진의 기표에 해당한다)로 이행하는 데 어떤 변형도 거치지 않기 때문에 실재 사물과 이미지를 결합시키는 데 어떠한 중개도 필요 없는 전언을 전달하는 이미지로 간주한다. 이러한 의미에서 사진은 그림이나 영화와 달리 "약호가 없는 전언"이라는 특수한 지위를 갖고 있다.

곳에서 외시적 전언은 광고가 본래 의도하는 전언, 즉 '좋은 약품입니다.'라는 전언을 '자연스럽게 만드는' 역할을 한다고 말하고 있다.84) 광고에서 언어를 통한 공시적 전언은— 외시적 전언이 이미지에 해당하는 실제사물의 정체를 파악하는 데 기여하는 것과는 달리 — 이미지의 해석을 유도하는 역할을 한다. 즉 공시적 전언은 이미지의 공시적 의미가 지나치게 개인적인 해석의 영역으로 뻗어 나가거나 혹은 여기에 부정적인 가치가 부여되는 것을 막는 역할을 한다.

광고의 이미지를 다루는 외시적 전언과 공시적 전언은 어떠한 관계를 가지고 전언을 가지고 있을까? 외시적 전언, 즉 글자 그대로의 전언에서 기표와 기의의 관계는 단지 '기록'의 성격을 띠고 있을 뿐이다. 양자 사이의 관계를 이해하기 위해서 이들을 불연속적인 단위로 분할할 필요도 없다. 물론 이를 실행하는 데 있어야 할 약호도 없다. 바르트는 이 약호의 부재가 사진에 찍힌 이미지, 단지 현전하는 정경에 자연의 성격을 부여한다고 한다. 그리고 사진사가 이 정경에 가하는 프레임이라든가 조명, 거리 취하기 등은 공시의 차원에 속하는 일이라고 한다. 이것은 문화의 기호에 속한다고 한다. 여기에서 외시적인 이미지는 약호가 없기 때문에 문화의 기호를 탈지성화하고, 그렇게 함으로써 이 기호를 정당화하고 자연스럽게 만든다. 따라서 광고에서 언어를 통한 전언이나 이미지를 통한 전언이나 그 외시적 전언은 모두 공시적 전언을 자연스럽게 만드는 역할을

---

84) 김치수 외(1996), Ibid, pp.310 - 314.

하는 셈이다. 하지만 이미지에 있어서 외시적 전언과 공시적 전언은 앞에서 말한 것처럼 문화적인 약호에서 어휘들을 취한다.

이미지라는 하나의 어사(語辭, lexie)에 대해서 이 어휘들은 개인에 따라 천차만별이라고 할 수 있을지도 모른다. 하지만 이 모든 것이 문화적인 약호이므로 공시체계는 체계화된 목록을 확보할 수 있는 것이다. 물론 공시를 표현하는 상위언어가 확립되어 있을 경우이다. 그리고 공시적 의미에 대응하는 기표는 매체(이미지, 말, 몸짓 등)에 따라 여러 가지 방식으로 실현될 수 있다. 하지만 이 모든 것은 공시적 차원에서 본다면 동일한 것이다. 바르트는 공시의 기의들이 이루는 공통의 영역을 이념이라고 부른다. 이 이념은 공시의 기표가 어떻든 주어진 사회와 역사 내에서 그 속에 속한 성원들에게는 공통되고 유일한 것이다. 그리고 바르트는 공시의 기표를 공시자라고 부르면서 이 공시자들의 총체를 수사학이라고 부른다. 수사학은 말하자면 이념에 대한 기표이다. 이렇게 해서 바르트의 이미지 수사학의 길이 열린 것이다.

바르트는 이미지를 지각하고 이를 인지하는 데에 언어의 역할을 강조함으로써 앞서 말한 퍼스의 해석체의 개념을 발전시켰다. 지각과 인지의 과정에서 해석의 역할을 재확인한 셈이다. 지금까지의 바르트가 진행하여온 광고 분석에 대한 방법은 상당히 많은 광고전문가 혹은 해석을 위해 필요로 하는 사람들에게 도움을 주어왔다. 그러나 그로 인해 발생하는 바르트식의 조형학연구가 지니고 있는 맹점 가운데 하나는 바르트 자신이 이미지가 드러난 현상을 분석하는 데 집착해 있기 때문이 아닌가 한다.

이로 인해 문제점을 말하면 첫째, 이미지를 즉각 자연언어로 명명하고 이렇게 명명된 자연언어를 고찰의 대상으로 삼는다. 하지만 자연언어로 환원될 수 없는 이미지는 어떻게 다룰 수 있을까? 또한 이미지를 외시적 이미지와 공시적 이미지로 양분하고 외시적 이미지가 공시적 이미지를 가능하게 하고 이를 정당화한다는 그의 주장을 설사 받아들인다고 하더라도 그의 주장은 정작 이미지가 구체적으로 광고의 의미산출에 어떻게 관여하고, 수신자들을 설득하는 데 어떠한 기여를 하는지에 관해서는 아무런 해명도 하지 않고 있다. 하지만 이미지를 통한 이러한 작용은 광고의 의미 활동에는 매우 중요한 것이다. 둘째, 바르트는 광고에서 언어적 텍스트, 즉 문안을 수신자로 하여금 이미지의 의미를 한 곳에 고정시키게끔 유도하는 역할을 한다고 한다. 하지만 그렇게 되면 언어적 텍스트는 이미지에 종속되고 말 것이다. 언어적 텍스트도 이미지와 동등한 지위를 갖고 광고의 의미 산출 작용에 관여한다고 할 수는 없을까? 세 번째로, 바르트는 광고의 언어를 통한 전언에 있어서나 이미지를 통한 전언에 있어서나 그 공시적인 기의는 주어진 시대와 역사에서 한 사회가 세계에 갖고 있는 이념과 관련된다고 주장한다. 그렇다면 광고의 분석에 앞서 이 공시적 기의에 대한 분석이 선행되지 않으면 안 될 것이다.

3. 공유적 커뮤니케이션의 이론에 따른 지각과 인지

1) 커뮤니케이션의 상호 작용과 생활세계

오늘날 커뮤니케이션의 철학적 논의는 거의 하버마스(J. Harber-mas)를 중심으로 이루어진다고도 볼 수 있을 만큼 그의 논리는 매우 의미가 있다. 그는 지난 20년 동안 가장 많은 논의의 대상이 되어 왔던 사회철학자다. 그는 추상적인 이론가로서뿐만 아니라 다양한 이데올로기 논쟁에 참여한 실천적 저널리스트[85]로서 활동해 왔다. 저널리스트로서 그의 입지는 학문의 체계를 체계로만 이해하지 않고 하나의 실천으로도 이해할 수 있게 한다. 그는 영미의 철학과 경험주의적 성과를 독일철학의 전통 안에 포괄하면서, 사회학, 심리학, 언어학, 정치학, 역사학 등의 연구를 통해 유럽사회에 대한 현실적 분석과 참여, 이론과 실천의 통합 시도, 정통 마르크스주의의 비판, 민주주의와 학생운동에 대한 논쟁, 실증주의 논쟁, 해석학 논쟁, 체계이론 논쟁, 포스트모더니즘 논쟁, 신사회운동 논쟁, 시민사회논쟁, 역사가 논쟁, 형이상학 논쟁 속에서 자신의 이론을 발전시키면서 '이성'에 대한 신뢰를 확고하게 가진 '계몽주의자'로서의 입장을 견지[86]하고 있다.

---

85) 김재현 외(2001), 하버마스의 사상, 나남출판, p.273.
86) Robert C. Holub(1981), 저자는 "하버마스의 논쟁이 하버마스 자신의 자기이해를 위해서, 그리고 서독에서의 민주주의 원리의 옹호를 위해서 중요하다."(서문, p.11)는 테제를 제시하면서 공적인 논쟁을 중심으로 하머마스사상을 제 구성한다.

이 가운데 그의 체계이론은 '의사소통행위론'만큼 복합적인 철학적인 문제의식과 다양한 이론적 전선을 지니고 있는 이론도 발견하기 쉽지 않다. 그의 이론에는 경험적으로 적용될 수 있는 사회이론 측면과, 아울러 그것에 대한 철학적 방법론적인 반성을 포함하고 있기 때문에 그 층위와 수준에 따라 다양한 내용을 가진다. 하버마스의 의사소통행위이론은 화자와 청자 사이에서의 이해를 그 목표로 한다. 의사소통에 내재하는 상호비판의 구조에 의존해 과거의 형이상학적인 독단이나 자의적인 주관성에서 벗어나 비판적인 시회이론의 보편적인 근거를 찾을 수 있다고 보는 것이다. 이때 하버마스는 동일한 문화적 전승을 공유한 집단 내에서의 의사소통의 표준적 모델을 언어에서 발견한다. 여기에서의 언어는 의미론적인 시각보다는 '실행적(Performative)'인 의미를 갖는다. 바로 이러한 주관주의적 의식철학의 유아론에서 벗어나 일상 언어에 의거한 의사소통행위를 가능하게 위한 '규칙과 규범'이 언어에 내재되어 있다고 보는 것이다. 바로 이런 목적을 가능하게 하기 위해 하버마스는 사람들이 상호 이해를 지향하는 한에서 그 행위 속에 내재한 보편적, 언어적 속성들을 분석한 것이다.

하버마스가 자연과 인간의 상호 작용인 '노동'으로부터 인간과 인간의 상호 작용 혹은 규범적인 관계로 관심을 돌린 것은 위기에 처한 마르크스의 견해를 새롭게 정립하고자 한 데에서 시작된다. 마르크스가 노동과 규범을 명확히 구분하지 못했다는 그의 비판은 노동과 같은 목적 합리적 행위의 발전으로부터 도덕적 행위의 발전은 직접적으로 도출할 수 있다는 점은 잘못이라는 판단이다. 역사적인 유물론에서 인간이 동물로부터 구별되는 근거가 노동이었다면, 하버마스는 노동이 아니라 언어라고 주장한다. 이때의 언어는 정확히 말해서 '사회적인 규범체계의 전제가 되는 언어'이다. 따라서 인간이 인간일 수 있는 것은 '행위기대를 상호 주관적으로 인정하는 행위동기의 도덕화'[87)에 의해서이다.

이런 언어를 통한 체계의 마련을 위해 그는 체계와 생활세계라는 두 가지의 패러다임을 제시한다. 사회체계는 사회 영역에서 필요로 하는 의사소통의 방식이며 복잡성의 증대가 이루어짐에 따라 생활세계의 언어규범체계는 점점 더 그 중요성이 드러나게 된다고 보았다. 왜냐하면 사회가 요구하는 체계에서 극복할 수 있는 것은 의사소통에 있어서 도덕적, 규범적 합리성이 요구되기 때문이다. 따라서 사회의 재생산은 바로 생활세계의 상징적 구조의 유지로 나타나는 것이다. 이러한 체계와 생활세계에 대한 개념의 전략에 대한 차이를 나타냄에도 불구하고 생활세계에 대한 명확한 개념은 아직 잠정적일 뿐이다. 그러나 그는 생활세계에 대한 중심적 사고는 모든 사회체계 내에서 존립하는 것이며 결국 의사소통은 이러한 생활세계에서 시작된다. 이를 하버마스는 "한 상황의 지평 속으로 들어오는 생활세계의 제한된 단면들만이 상호이해를 지향하는 행위의 주체가 될 수 있는 맥락을 구성할 따름이다."[88)고 언급하고 있다.

하버마스에서 사회진화는 체계의 복잡성과 생활세계의 합리성이 증대함에 따라 체계와 생활세계가 분화되어 가는 과정으로 본다. 이

---

87) Harbermas. J(1984), The Theory of Communication Action, Vol. I. Beacon Press.
88) Ibid, p.124.

것은 파슨스와 같은 체계이론가와 같이 제도체계에 대해서만 관심을 가짐으로써는 결코 방법론적으로 자족할 수 없다는 생각에 따른 것[89]이다. 이러한 복잡성의 증대에서 체계와 생활세계의 분화되는 과정에서, 양자가 역설적으로 서로 긴밀히 관련되고 있음을 보여준다. 화폐나 권력과 같은 체계의 매체(Media)들이 합리적인 경제행위와 행정행위라는 하부체계를 조절하게 된다. 그 결과 체계의 매체는 사회통합을 가능케 해 주는 사회구조들로부터 점차 분리된다. 동시에 생활세계는 사회체계의 전체적인 존립을 규정하는 하부체계로 남게 된다. 이와 같은 체계의 분화고정은 생활세계의 내적 관점에서 인식될 수도 있고, 이런 점에서 '사회진화를 제2층위 분화과정'으로 이해할 수 있다. 생활세계의 내적 관점에서 관찰한 하버마스는 체계와 생활세계의 분리는 나아가 체계가 일상적 의사소통적 실천에 개입할 수 있는 토대구축을 위한 제도를 창출하게 되며, 체계의 조절매체로 인해 생활세계에 닻을 내리게끔 하여 생활세계를 체계에 종속시키고 '병합'시키는 역할을 한다. 이러한 생활세계의 위협에도 불구하고 아직까지도 하버마스의 의사소통이론이 진보적인 담론으로 이해될 수 있는 핵심적인 내용으로 간주되는 것은 다음과 같다. 즉 생활세계는 그것이 규범적으로 강요된 것이 아니라 의사소통적

---

89) 파슨스는 커뮤니케이션의 매체를 '특수화된 언어'로서 '상징적인 매체'의 의미를 지닌 '일반화된 교환매체'라고 정의한다. 예를 들면 정치 영역에서 돈에 상응하는 매체는 권력이다. 권력은 효율적인 집단 행위의 역량을 동원하는 데 필요한 일반화된 매체다. 이 매체는 집단을 특정한 행위과정에 묶어두기 위해 집단의 구성원에 의해 사용될 수 있다. 권력이 매체로서 작동하도록 하는 코드는 지배라는 제도 위에 설치된 것이다. 이 지배는 다시 제도화된 위정의 구조와 규제적 규범의 유지에 필요한 행정적 책임과 결합되어 있다.

으로 성취된 상호 작용의 정도에 따른 것이다. 이런 점에서 본다면 의사소통행위는 사회과정 전체를 조정하는 자기제어절차를 완비하고 있는 것으로 판단하기 때문이다. '노동' 이외에 생활세계에서의 다양한 의사소통의 과정, 시민사회에서의 다양한 시민운동과 같은 규범－문화적 과정을 범주화함으로써 다양한 '사회통화'의 가능성을 제시할 수 있다는 것이 바로 하버마스의 이론이 진보적 담론으로 파악할 수 있는 것이다.

하버마스의 '체계－생활세계' 이원적인 전략은 기존의 다른 이론과 구별될 수 있는 상당한 이론적 의의는 물론, 다양한 시민적 공론의 영역을 사회진화의 중심적인 범주로 삼았다는 점에서 어느 정도의 실천적인 의의가 있다는 점은 부정할 수가 없다.

2) 지각과 인지의 상호 주관성

인간의 지각과 인지의 과정에 생물학적인 잣대를 들이댈 수 없는 상황이 있다면 과정의 결과물은 결국 상호 주관적인(Inter－Subjective)90) 해석임을 전제하여야 한다. 그런데 본 연구는 앞서 근대과

---

90) 相互主觀的交通, 독일 철학자 E, 후설의 현상학(2現象學) 용어. 간주관적(間主觀的) 교통이라고도 한다. 자아론적(自我論的) 환원, 즉 초월적 존재를 개개 자아의 순수 의식으로 환원하는 것만으로는 자연계의 객관적 통일을 기초 짓는 데 불충분하다고 생각한 후설은 여기에 다수의 자아 또는 다수 주관에 의한 공동적 환원인 (상호 주관적 환원)을 첨가하였다. 개개의 자아는 모나드(monad: 單子)이지만 다수가 모여서 개방적 다수성(多數性)을 형성하고, G. W. 라이프니츠의 모나드와 같은 무창(無窓: 沒交步)이 아니라 서로 교통하는 창을 가지며 서로 교통하고 이해하는 것이다. 이와 같은 상호 모나드적 또는 상호 주관적 교통에 바탕을 둠으로써 다수의 개인에 의한

학 세계가 이루어 놓은 생물학적이고 경험적인 지각과 인지의 세계가 결국 사회로 들어오자마자 그 자연과학적 특성을 잃어버리는 것을 보았다. 인간사회에 있어서 인간이 지각하고 인지하는 것은 움직이지 않는 시간과 공간 속의 사물이 아니라 인간의 지각과 인지와 함께 움직이고 변화하는 것이다. 게다가 오늘날의 사회에서 사물은 많은 수가 정보와 같은 비물질적이며 오히려 휘발성의 기호들이다.

그런데 상호이해를 통한 사회의 진화라는 의식철학의 결정적인 약점은 이들에게 상호 주관성의 문제, 즉 서로 다른 주체들이 어떻게 동일한 생활세계를 공유할 수 있는가라는 물음을 던진다. 선형적인 접근방식을 통해 하버마스의 커뮤니케이션이론을 이해할 때 중요한 개념이 'Black Box'이다. 하버마스는 자극(S) ― Black Box ― 반응(R)의 포괄적인 범위에서 자극과 반응 사이에서 벌어지는 무수한 교류의 양식이 있는 곳을 'Black Box'로 이해한다. 그는 주체자의 다양한 내적 반응을 일으키는 'Black Box'에서 극히 짧은 순간에 발생하는 소비자의 내면적인 지각과 인지의 반응을 연구하고자 하였다. 이에 대한 대답으로 상호 주관성의 근거가 되는 블랙박스는 결국 주체의 체험일 수밖에 없다고 본다. 그리고 하버마스는 '생활세계'가 의사소통행위의 보충으로 도입이 이루어진다면 현상학적으로 기술된 생활세계의 근본특징은 아무런 어려움이 없이 설명될 수 있다고 주장한다.

공동적 환원이 가능하게 되고, 따라서 초월적 세계는 완전히 내재화함으로써 다수 주관의 일치를 지향한다.
http://kr.ks.yahoo.com/service/wiki_know/know_view.html?dnum=HAF&tnum=46877

이렇게 생활세계는 문화적으로 전승되고 언어적으로 조직된 해석유형의 저장물로 생각할 수 있으며, 상황적 요소를 연결시키는 '적합성의 구조'라 볼 수 있다. 즉 의사소통적 발화와 그 발화가 함의하고 있는 의미지평 사이에 존재하는 의미의 상호연관으로써 생활세계를 파악할 수 있다고 보는 것이다. 이를 하버마스는 "생활세계는 화자와 청자가 만나는, 그들이 자신들의 발화가 세계(객관적, 사회적, 주관적)에 합당한 것을 주장할 수 있는, 그리고 그들이 그러한 타당성의 주장들을 비판. 확증하여 불일치를 해결함으로써 일치를 이룰 수 있는 선험적인 장소이다."[91]라고 피력하였다. 즉 화자와 청자는 그들의 공통적인 생활세계로부터 개관적, 사회적, 주관적 세계 안에 있는 어떤 것에 관한 이해에 이르게 된다고 보고 있는 것이다.

여기에서 '참여자의 관점'이라는 중요한 하버마스의 생활세계의 특징이 드러난다. 즉 참여자의 정체성의 발전, 확신, 갱신하는 상호 작용에 참여한다는 것이다. 참여하지 않으면 소통하지 못한다. 상호 작용의 참여자들이 상호이해의 달성을 위해 그들이 의지하는 '문화적 지식'을 재생산할 뿐만 아니라, 동시에 그들의 집단에의 소속감과 그들의 정체성을 재생산한다. 현대사회의 양상은 매우 복잡하긴 하지만 생활세계에 대한 대중의 질적인 참여가 점점 많아진다. 이는 인터넷의 발달과 이미지의 유비쿼터스(Ubiquitous)적 경향과 더불어 더욱 가속화되고 있다. 사람이 인터넷에 접속하는 이상, 길거리에서는 무심히 지나칠 만한 정보 또한 구성하여 인지한다. 채팅이나 블로그(Blog) 혹

---

91) Ibid, p.126.

은 미니 홈피의 존재는 사람이 더 이상 관조적인 동물은 아니라는 사실을 더욱 깨닫게 한다. 이미지의 작업도 그렇다. 셀프카메라도 대표되는 이미지의 개별적인 생산과정은 언어적 정보뿐만 아니라 이미지적 정보마저 개인 스스로 구성하여 이를 소통시키도록 부추기고 있다. 참여의 조건은 이전보다 훨씬 강화되고 있으며 사람은 이 조건에 수동적으로 끌려간다 해도 참여의 움직임으로 끌려가는 것이다.

　"오늘날 커뮤니케이션의 참여의 문제는 더 이상 개인의 선택의 문제가 아니라고 할까 말까의 문제가 아니라 할 수밖에 없는 것이다. 그것은 사회 조건의 문제이며 인간이 이를 인식하여 의도적으로 행동하든 그렇지 않든 참여적 경험의 조건은 점점 확대되어 간다. 경험이 확대된다는 사실은 다른 주관과의 교류를 확대하며 교류적 주관은 무의식과 같은 인간의 심층적인 차원까지도 포함"92)한다. 외국을 여행 다녀온 사람의 경험은 그곳을 다녀온 다른 사람과 경험적으로 교류한다. 이 교류 속에는 상징적 정보뿐만이 아니라, 지각적 경험과 인지적 경험을 서로 교류케 한다. 풍물에 대한 인상을 나누고 지각적으로 획득하여 인지된 풍물의 모습을 서로 그려준다. 이 서로 그려준 이미지의 세계는 단지 두 사람 사이에서 서로 교류하는 이미지가 아니라 생활세계로부터 유추한 다른 종류의 이미지 정보와 융합한다. 이는 "게슈탈트 심리학에서 제시했던 전체성의 원리와 통한다고도 볼 수 있다. 부분의 합은 전체가 아니다. 두 사람이 같이 구성하는 지각과 인지의 경험세계는 두 사람에게만 통용되

---

92) 신항식, ibid., 2004b.

지 않는 일층 전체성을 지향하며 이런 의미에서 상호 주관적 지각과 인지는 커뮤니케이션의 개별성을 벗어난다."93) 이런 방식으로 지각과 인지의 세계가 상호 주관적으로 구성되는 것이다.

지각과 인지의 상호 주관적인 사실에 근거하여 커뮤니케이션의 이론을 구성할 때 먼저 폐기해야 할 모델은 개인 중심의 선형적 커뮤니케이션의 관점이다. 현재 커뮤니케이션에서 일반화되어 있는 선형적인 이론체계는 시간의 지속에 의한 다양한 지각의 변동을 자각하지 않은 결과론적인 예견을 미리 준비한 가운데 만들어 놓은 연구로 판단할 수 있다.

하버마스의 생활세계와 체계의 관계는 광고 커뮤니케이션에서는 광고 크리에이터와 소비자와의 관계에서 찾을 수 있었다. 즉 광고 크리에이터의 주체성이 소비자의 생활세계와 밀접한 관계를 지니지 못한다고 가정한다면 이것은 철저히 광고전략이라는 미명 아래 광고 크리에이터의 능력을 발휘하고 있다고 보아야 할 것이다. 이렇게 되면 광고표현에 있어서의 문화감성은 점점 더 개인적인 판단에 기울어져서 아무도 쳐다보지 않는 지각과 인지대상을 만들어 낼 가능성을 갖고 있다고 보아야 할 것이다. 이와 반대로 소비자와 생활세계에 대한 동질적인 체험을 이룸과 동시에 광고전략의 체계에 익숙한 광고 크리에이터라면 이는 충분히 광고표현의 '임팩트 성'을 발견할 수 있는 직관을 지닌 광고인이라고 할 수 있는 것이다. 광고 크리에이터와 소비자 간의 공통적인 생활세계의 만남은 다양한 문

---

93) Ibid.

화의 '지각과 인지 물'을 이해할 수 있는 근간이 되는 것이다.

송신자와 수신자 간의 매체에 대한 다양한 공유를 위해서는 약호와 관습을 통해서만 사회적 존재로서의 우리의 입장을 이해할 수 있으며, 광고 크리에이터에게 있어서는 이와 같은 공유의 기본 틀에서 표현의 임팩트 성을 발견해야 한다. 공통의 약호를 통해서만 같은 문화의 구성원임을 느끼고 표현에 대한 임팩트 성을 제시할 수 있는 것이다. 광고표현의 '임팩트 성'은 문화의 커뮤니케이션 약호에 광고 크리에이터가 적극적으로 참여하는 과정을 통해서만 광고표현은 활동적이고, 역동적인 살아 있는 유기체가 되는 것94)이다.

---

94) 전기순(2005), Ibid.

제 **4** 장

광고표현의 지각과 인지의 문화사적 위치와
소비자 반응의 문제

오늘날 시장에는 수많은 제품이 있고, 그에 관련된 정보도 광고를 비롯하여 방대하게 쏟아져 나오고 있다. 만약 이러한 상황에서 주어지는 모든 정보를 이용해 구매의사를 결정하려고 한다면 그 사람은 계속해서 쏟아져 나오는 정보에 쫓기다가 결국 정보를 처리하지 못해 상품을 구매하지 못할 것이다.

실제로 우리들은 관련되는 모든 정보를 항상 정밀하게 조사하고 있는 것이 아니라 현재화되어 있는 정보나 알기 쉬운 정보 또는 이용하기 쉬운 정보를 이용해 판단을 하고 있다. 이러한 관점에서 생각한다면 광고활동에 있어서도 자사 브랜드에 관한 정보를 소비자들에게 제시할 때는 정보를 이용하기 쉽거나 눈에 잘 띄는 형태로 바꿔 놓아야 한다는 암시를 받을 수 있다. 자사브랜드의 특성과 이미지를 미리 경쟁브랜드와의 관계를 고려해 간결하면서 알기 쉬운 메시지로 전달함으로써 자사에게 유리한 상대관계의 이해를 도모하는 방법이 유효하다고 할 수 있다. 그래서 새롭게 제안된 방법이 포지셔닝(Positioning)이다.

라이즈(Ries)와 트라우트(Trout)는 포지셔닝을 예상고객의 머릿속에 제품의 위치를 부여하는(포지셔닝하는) 것이라 정의하고 있다.

즉 단순한 메시지로 예상고객의 머릿속에 하나의 포지셔닝, 즉 기업 자신의 강점과 약점뿐만 아니라, 경쟁 타사의 그것까지도 고려한 포지셔닝을 만들어 내는 것이다. 그리고 궁극적인 목표는 브랜드 이미지를 이용하기 쉬운 형태로 타깃의 마음속에서 만들어 내거나 강화(Reinforce)시키는 것이다. 이러한 일련의 과정 역시 시장이 지니고 있는 다양한 문화의 흐름을 파악한 가운데 이루어지는 과정인 것이다.

모든 문화는 상징에 의거하고 있다. 문화를 탄생시킨 것은 상징능력의 행사였고, 문화의 영속을 가능하게 하는 것은 상징의 사용이다. 상징이 없이는 문화가 있을 수 없고, 그런 인간은 단순한 동물일 뿐, 문화를 가진 존재로서의 인간(Human Being)은 아니라고 할 수 있다. 이러한 상징행위의 지속과 다양성은 문화의 영역으로 접어든다. 현대의 복잡한 과학 문명 속에 다양한 문화가 각처에 도사리고 있다. 특히 광고표현에 나타나는 상징적인 의미는 문화의 다양성을 한눈에 바라볼 수 있는 장소로 인정받게 되었다. 문화 특성들은 개인 유기체 이전에 그리고 그와는 독립적으로 존재하고 있으며, 이런 특성들은 바깥으로부터 인간의 내면에 침투하여 그의 행위에 많은 영향을 미친다.

문화에 대한 과학적인 연구의 필요성은 이제 광고표현의 영역에서도 마찬가지가 되었다. 소비자의 문화적인 속성을 이해하지 못하는 광고 크리에이터에게 성공적인 문화적인 감동을 줄 수 없다. 동일한 언어의 메시지와 비주얼이 지니고 있는 이미지도 광고가 노출되는 지역성에 따라서 서로 상이한 의미 해석이 가능하기 때문이다. 상이한 의미해석이 가능하다는 뜻은 앞서서 말했듯이, 커뮤니케이션의 기호들이 서로 공유되어 일정한 해석의 방향을 지정하고 있다는 것이다. 이를 본 연구에서는 포지셔닝의 매개체인 지각과 인지의 문화적 체계로 이해할 수 있다.

1. 문화적 체계에 근거한 광고표현의 이해

1) 광고의미의 공유와 생활세계

매스커뮤니케이션 이론에서 매체는 매스커뮤니케이션의 핵심적인 요소로서 다루어진다. 특히 라스웰 모델에 근거한 커뮤니케이터, 내용, 소비자, 효과와 관련해 매체연구는 간간히 개별적인 매체의 범위 내에서 채널이라는 요소로서 수행되었다. 언론학, 매스미디어 심리학, 매스미디어 사회학 등의 연구에서도 매체는 단순히 개념적 암호를 해석하는 데 만족했고, 그러한 매체이론으로는 매스커뮤니케이션의 복잡한 현상에 대한 과제 앞에서는 유효성을 그리 보이지 못한다. 그 이유 가운데 대표적인 것으로는 개별적인 광고표현에 대한 매개된 의미의 중요성이 간과된다는 점이다. 광고표현이 하나의 작품으로서 개별적인 표현에 대한 분석이 거절되고, 카피나 내용은 단지 계량적인 처리를 통해 분석되고 해석된다. 개별적인 광고표현에 대한 관계는 매체의 역사성으로부터 유추할 수 있는 질적 수정을 가하는 데 필요하다.

'의미'개념에서 출발할 때 커뮤니케이션은 항상 선택적으로 일어난다. 즉 커뮤니케이션은 스스로 구성한 현재적 지시지평으로부터 어떤 것을 끄집어내고 다른 것은 제쳐 둔다. 커뮤니케이션에서 현재화되는 선택은 첫째, 정보(Information)로서 가능한 것들(사건, 대상)의 내용종목(Repertory)인지를 통한 선택이고, 둘째, 이 정보를 전달할 것인가 말 것인가 아니면 어느 정도만 전달할까 하는 태도의 선택이며, 셋째, 정보와 전달의 차이에 근거한 이해는 전달받는 자의 선택으로서 기대되는 연계의 선택이다. 이 결정적인 세 번째 선택에 와서야 비로소 전달자와 수신자의 차이가 생긴다.

수신자는 전달과 전달된 정보에 대해서 정보가 포함한 내용과 달리 반응할 수 있다. 이는 우리가 매일 텔레비전 뉴스를 볼 때 나쁜 뉴스에 대해 즐거움을 느끼는 것을 설명할 수가 있다. 그렇다면 이러한 삼분법적인 과정에서 보면 송신자와 수신자 간의 커뮤니케이션은 공유성(Communality)이 반드시 있어야만 정확한 의사를 전달할 수 있다는 가능성을 제시하게 된다. 따라서 모든 커뮤니케이션에 있어서의 매체는 공유성에 입각한다. 공유성이란 약호 안에 포함된 기호단위, 이러한 단위들이 선택되고 결합되는 규칙, 수신자에 따른 의미 그리고 모든 약호가 수행하는 사회적이거나 전달적인 기능 등과 같은 약호의 근본원칙에 대한 약호 사용자들 사이의 동의를 의미한다.

앞서 인용한 바르트는 사진을 설명하기 위해 동원된 언어의 기능을 '닻을 내리다'라는 용어로 설명하고 있다. 그의 주장에 따르면 시각적인 이미지는 다의적이기 때문에 사진 설명을 기표 밑에 위치시켜서 부유하는 기의의 다발 중에서 독자들이 적절한 기의를 선택하고 부적절한 기의는 무시할 수 있도록 도와준다는 것이다. 불명확한 공포에 대처하는 것과 같은 방식으로 사진 설명은 기의의 유동적인 사슬을 고정시키는 역할을 한다. 따라서 어떤 설명도 부과되어 있지 않은 사진을 찾기가 힘든 것은 사실이며, 최소한 외연적 수준에서 그 사진이 어디서 무엇을 찍은 것인지에 대해서는 명기해 두는 것이 일반적이다. 언젠가 바르트는 사진 설명을 '이미지의 의미를 암시해 주고, 하나 이상의 제2단계 기의로의 전환을 촉진시키기 위해 개발된 기생적인(Parastic) 메시지'라고 불렀다. 그는 함축의미가 외연적인 의미보다 훨씬 광범위한 의미해독이 가능하기 때문에 사진 설명이 이러한 범위를 좁혀주거나 불가능한 의미의 부분을 제거시키는 역할을 한다고 생각했던 것이다.

'닻 내리기'의 또 다른 기능은 바르트식의 용어를 말하면 '이름짓기(Denomination)'하는 데 있다. 이를 통해 사진이 정확히 무엇에 대한 것인지 알 수 있으며 또한 세상에 대한 기존의 경험 내에 정확하게 위치시킬 수 있는 것이다. 제2단계에서의 사진 설명은 해독의 방향을 제시해 준다. 사진설명은 때때로 왜 이 사진이 찍을 만한 가치가 있으며 어떻게 이 사진을 해독해야 하는지를 설명해 준다. 이와 같은 사진설명의 기능은 홀(Stuart Hall)이 '선호해독'이라고 부른 개념으로 파악한다.95) 이 문제는 전통적인 가치가 유지되는 범위 내에서 해결 가능하다는 사실을 전하고 있는 것이다. 이처럼 선호된 의미는 사진 안에 잠재해 있는 급진적 의미해독의 가능성을 제거한

---

95) Hall S(1980). "Encoding/Decoding", in *Culture, Media, Language,* London: Hutchinson Univ. Press.

다. 따라서 소비자들은 광고표현이 극단적으로 자신의 생활과 가치에 벗어나는 것으로 오인을 하지 않고 단지 자신의 선호적인 의미에서 타협을 하려고 시도하는 것이다. 그렇다면 광고표현에 있어서의 사진이 지니고 있는 급진적 의미해독이라는 말은 임팩트 측면과 밀접한 관계가 있다고 볼 수 있다. 이렇게 되는 경우의 현실적인 면과 일탈된 사진의 경우에는 일탈해독(Aberrant Decoding)으로 분류된다. 일반적으로 선호된 의미는 소비자의 필요로 하는 욕구충족의 방향으로 연결시켜 버린다. 그러나 일탈적인 의미의 사진은 사회적인 긴장을 유발시킬 뿐만이 아니라 소비자의 소비성을 오히려 긴장시키는 상황으로 전락한다. 선호해독과 일탈해독 사이의 상반된 의미규정은 결국 메시지와 해독자 모두가 사회의 구조 내에서 파생되거나 활동하고 있다는 점에서 어떤 형태로든 의미의 타협(Negotiation)을 이끌어 낼 수 있는 개념적인 모델을 도출할 수 있는 기회를 제공해 준다. 홀은 개인들이 사회 내에서 스스로 상황을 해석하고 반응할 수 있는 기본적인 의미체계가 지배적, 종속적, 그리고 급진적 체계라고 주장했다. 스튜어트 홀은 이 같은 세 가지 의미체계가 매스미디어의 메시지를 해독하는 방식과 일치한다고 말했다.

인식론적인 시각 위에서 보면 모든 대상은 우리의 인식 행위 안에서 확정성을 갖게 되며, 역으로 어떤 특정한 대상은 우리의 인식 행위에 의해 비로소 주어진 어떤 것이 된다. 따라서 광고표현에 주어져 있으면서 동시에 소비자의 인식에 예속됨이 없이 존재하는 광고표현, 즉 텍스트 조건이란 있을 수 없다. 이저(Izer)는 이와 같은 소비자의 인식적인 공감을 텍스트의 내용종목(Repertory)[96]이라고 지적하였다. 그것은 텍스트(광고표현)와 독자(소비자)가 소통을 개시하기 위하여 만나는 '친숙한 영역'이다. 내용종목(Repertorire)이란 흔히 문화적으로 내용(Context)이라고 간주되어 온 요소들을 의미[97]한다. 이를 하버마스가 말한 생활세계의 기억들의 총체라고 이해할 수도 있을 것이다. 소비자의 '지시체계'의 내용종목은 '마음에 든다. -마음에 들지 않는다.'라는 표현과 같이 어떤 의미에서는 가장 원초적인 반응까지 조종한다. 마치 동물이 우연히 마주친 상대에 대해서 곧바로 접근해도 괜찮을 상대인가. 기피해야 할 상대인가를 결정하는 것처럼 '소비자'도 어떤 광고표현이 자기 자신의 '지시 체계'에 드는 것인가 아닌가라는 반응을 가장 먼저 나타내는 것[98]이다. 이러한 일련의 임팩트 과정을 '수동적인 지각과 인지에 따른 판단'이다. 자연스러운 지각과 인지는 어디까지나 능동적인 자세에서의 소비자의 적극성에서 반응이 이루어지는 것이 아닌 오랫동안 소비자 자신이 익숙해 왔던 문화적 내용종목이기 때문이다.

기호로 구성되어 커뮤니케이션을 가능케 하는 문화적 체계는 로트만을 위시한 러시아 기호학자들의 제기한 공시태(Synchrony)와 통시태(Diachrony)를 체계의 진화라고 파악하는 입장을 지지하여 지시체계의 틀을 확보하였다. '체계외적'이란 카오스와 동의어가 아

---

96) 내용종목(repertory)이란 흔히 전통적으로 내용(content)이라고 간주되어온 요소들을 포함한다. 즉 텍스트와 독자가 소통을 개시하기 위하여 만나는 '친숙한 영토'다. 자료출처, 로버트 C, 홀럽(1999), 최상규 역, 수용미학의 이론, 예림기획, pp.120-122.
97) 로버트C, 홀럽(1999), 최상규 역, 수용미학의 이론, 예림기획, p.121.
98) Martin Heidegger(2001), Being and Time, Translated by John Macquarrie & Edward Robinson(*Oxford UK & Combridge USA* Blackwell Press), p.131/132.

니다. 기호구조에 있어서 역동성의 근원은 체계외적인 요소를 걸러 내어 이를 체계 안으로 끌어들이고, 반대로 체계 안에 있으나 더 이상 관여하지 않는 요소를 체계 밖으로 추방시키는 부단한 과정이 다. 체계 밖의 영역에 고정되어 있는 것으로 보이는 요소들 가운데 에서 일부는 역동적 과정을 통해 다음 단계에서는 구조적, 체계적 요소로 변환될 수 있다. 체계 외적 요소를 과학의 영역에서 배제함 으로써 기술하기를 거부한다는 것은 역동성의 근원을 배제하는 것 이며, 그 결과 남는 것은 진화와 항상성(Homeostasis) 사이에 어떠 한 조작도 배척되는 죽은 구조만 있을 뿐이다.

이와 같이 '소비자가 광고표현에 대해 어떠한 문화적 지시체계를 통하여 반응을 한다.'는 것은 역동적인 체계를 의미한다. 특히 문화 의 변화, 적응능력은 비언어와 모든 문화에 내재하는 의미의 번식 경향이 상호 작용하는 기능이다. 번식경향은 커뮤니케이션의 불완전 함을 보상하려는 요구와, 문화에 의해 습득되고 계속 늘어나는 정보 를 진행하고 순환시키려는 요구의 결과이다. 문화에서 변화란 문화 의 구조적인 예비 자원이며, 비언어에 의해서도 인정되지 않는 탈구 조화된 비문화적 '주변'에서 요소를 이끌어 내 문화의 의미 영역에 편입함으로써 만들어진다.

광고는 소비재와 문화적으로 구성된 세계의 표현을 특정한 광고 의 틀 속에서 결합시킴으로써 의미작용의 잠재적인 방법으로서 작 용한다. 광고 크리에이터는 소비자가 그것들 간의 본질적인 유사성 을 언뜻 볼 수 있게끔 그 두 요소를 결합시키려고 한다. 이 상징적 등가성이 성공적으로 확립되면, 소비자는 문화적으로 구성된 세계에 존재한다고 알고 있는 일정한 속성들을 소비재에 귀속시킨다. 이렇게 해서 이미 알려져 있는 이 세계의 속성들이 소비재의 미지의 속성들 속에 내재하게 된다. 세계에서 재화로의 의미이전이 완료된다.

이러한 일련의 창조적인 과정은 문화의 범주와 원리의 네트워크 — 이를 통해서 문화는 세계를 구성하였다. — 에 의해서 확립된 선택지(選擇肢)들 중에서 선택하지 않으면 안 된다. 이 선택은 이러한 범주와 원리 중에서 어떤 것이 클라이언트(client)가 그 제품에서 찾는 '의미'에 가장 가까이 접근하는가를 광고크리에이터에 의해 결정될 것이다. 따라서 광고크리에이터는 바로 문화적으로 구성된 세계가 광고 안에서 어떻게 '지각과 인지의 문화적 과정'을 발견할 것인가 하는 점에 숙고하게 된다.

2) 광고기호의 지각적 커뮤니케이션과 시간

매크레켄(Grant McCraken)은 소비자와 문화 그리고 광고의 관계를 의미의 전이과정으로 이해[99]한다. 문화적인 의미가 광고에 전이되고 광고의 문화적 의미가 소비자에게 전이된다. 문화는 광고와 유행현상으로 통해 의미를 표출하며 소비자는 제품을 통해 읽혀지는 광고와 유행의 소유, 교환, 손질, 박탈의 의식을 통해 이것의 의미를 받아들인다.

---

99) G. McCraken, 문화와 소비, 문예출판사, 1996, p.163.

　문화로부터 제품 그리고 소비자에게 전이되는 의미의 문제가 위와 같은 단계를 거친다면 광고가 문화적인 의미를 소비자에게 전달하려 할 때 고려해야 할 점은 문화에 대한 충분한 숙지뿐만 아니라 소비자의 소유, 교환, 손질, 박탈적 의식에 잘 맞는 지각과 인지의 기호이다. 이런 광고 기호는 곧 지각과 인지의 **빠른** 전달력을 지녀야 하기 때문이다. 이처럼 광고 소비자의 광고노출이 순간적인 반응에 의하여 형성된다는 지각과 인지의 전제를 통해 볼 때, 지각과 인지의 시간성의 문제는 핵심적이다. 지각과 인지의 과정을 생활세계의 체험과정 속에서 공유적인 것으로 보았던 하버마스에게 있어서도 시간은 커다란 문제로 다가온다. 어떤 특정한 것이 일어나고 또 다른 것이 일어날 때 이것은 모두 시간 때문이다. 따라서 무엇을 선택한다는 것은 바로 시간 개념과 일치된다.

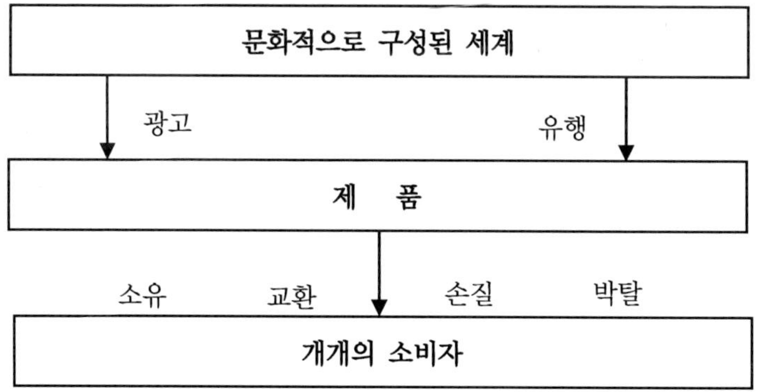

(커뮤니케이션에서의 '시간'문제는 선형적 개념으로 설명할 수 없음을 밝히고 이를 위한 새로운 개념으로 '지시체계'로서의 문화구조의 필요성을 강조한다)

〈그림5〉 문화세계로부터 제품이 소비자에게 전이되는 과정

　루만(Nicholas Luhman)은 시간 개념을 '선택의 강요'에 대한 원인[100]으로 파악한다. 그 이유는 시간이 더 이상 시간으로 남을 수 없고 항상 다른 사건으로 전이되려는 성질을 지니기 때문이다. 즉 시간의 문제를 해결하는 것은 특정한 구조적 전제하에서 가능한데, 모든 요소가 다른 요소와 결합될 수 있다면 어떤 체계도 실현될 수 없기 때문에 여기에 모든 복잡성 축소의 출발점이 있고, 구조들(특정한 선택의 가능성들로서 선택의 관점들)은 시간을 되돌릴 수 있게 잡아두기 때문이다. 본 연구에서는 직관과 인지의 과정에서 시간의 문제는 선형적 개념으로 설명할 수 없음을 밝히고 이를 위한 새로운 개념으로 지시체계[101]로서의 문화구조를 제시한다.

　예를 들어, 광고의 헤드라인은 카피 가운데 가장 중요한 부분이다. 광고에 눈길을 멈추게 하는 역할을 하기 때문이다. 뿐만 아니라 광고에 눈길을 주더라도 80%는 헤드라인만 보고 지나치므로 헤드라인의 내용은 소비자의 인식에 결정적인 영향을 끼친다. 광고표현에서의 헤드라인은 이미지의 정박을 할 수 있는 역할을 함과 동시에 언어적인 은유(Metaphor)를 동일한 콘셉트도 다양한 분위기를 연출한다. 이는 절대적으로 광고크리에이터의 문화적인 직관에 의한 정서에서 출발한다. 헤드라인의 크기와 서체에서 오는 다양한 비언

---

100) 김성재(1997), '체계이론과 커뮤니케이션 이론', 커뮤니케이션 북스, p.51.
101) 지시체계(Reference System), 지시(Reference)는 가장 전통적이고 직설적인 의미에서 그것은 하나의 이름과 그 대상 또는 지시체(referent) 사이의 관계를 가리킨다. 즉 하나의 언어 속에서 지시하는 대상을 '대리하는(stand for)' 것으로 받아들여진다. 체계(system)는 어느 일정한 단위의 체계를 의미하는 것이 아니라 뤼만(N. Luhman)의 자기 관계적(Autopoiesis) 체계를 의미한다. 자료출처, 앤드류 에드거, Ibid, p.393, 김성재, Ibid, p.50.

어적인 메시지는 이미 의미에 대한 사전적인 전언을 해독할 수가 있는 것이다. 즉 동일한 카피의 내용도 그것을 어떤 사이즈로 어떻게 표출하느냐는 전적으로 광고 크리에이터의 감성에 달려 있다. 예를 들면 '내 맘이다 왜!'라는 헤드라인을 가진 젊은 세대를 향한 패션용 시계 광고의 경우 이 헤드라인을 어디에 어떻게 위치할 것인가와 또한 어느 서체로 선정하느냐에 대한 끝임이 없는 선택적인 갈등을 갖게 되는 것이다. 이때마다 선택적인 결정은 바로 광고 크리에이터가 바라보는 공주체적인 상태에서의 소비자를 바라보기 위한 과정 속에서 나타나는 현상인 것이다. 조형적인 요소인 서체를 어떻게 배치할 것인가는 철저한 광고 크리에이터의 미적 감성과 소비자 감성과의 만남을 위한 '울림'에 근접하기 위한 과정인 것이다.

이 과정이 전이되면 순간적 지각과 인지의 결과로 나타난다. 서체의 다양한 표출인 타이포그래피의 시각적인 요인은 느낌과 의미를 전달하는 강력한 커뮤니케이션 도구가 된다. 그래서 디자이너인 존 맥 웨이드(John Mc‒Wade)는 타이포그래피를 눈에 보이는 목소리(Visible Voice)라고 지칭할 정도다. 즉 광고에 등장하는 인물이 말하는 목소리인 셈인데 청각은 시각만큼 순간적이며 귀를 이용해 잡을 수 없을 만큼 휘발성의 시간을 가지고 있다. 즉 지각과 인지의 문제에 있어서 "시간은 더 이상 시간이 아니라 기억이 순간적으로 촉발시키는 에너지"102)이다.

시간에 대한 이러한 의미에서 광고 크리에이터와 소비자(Target)

---

102) 신항식, ibid., 2004b.

는 둘이 아니고 하나의 공유적 주체를 지니고 있다고도 말할 수 있다. 이를 토대로 광고표현의 순간적인 지각과 이해가 '소비자'에게 어떻게 동시(이성, 감성)에 '임팩트 성'이 이루어지는가에 대한 조작적인 인식적 체계를 확보할 수 있다. 이를 통해, 광고표현을 본 순간 동시에 빠져 들어가는 소비자의 문화적, 미적, 현상학적 소통의 감수(感受)과정을 재현(Representation)할 수 있는 것이다. 물론 이 재현의 과정이 항상 유효하지는 않을 것이다. 예를 들면, 지각과 인지를 곧바로 판단으로 연결시키기 위해 제품의 특성이나 브랜드, 브랜드와 편익을 합치는 방법이 흔히 이용되고 있다. 그러나 너무 많은 특성을 사용하면 대상자가 이용하기 쉬운 단순정보를 이용하여 대상의 머릿속에 위치를 차지한다는 원래의 목적에 역행103)한다.

3) 시간적 에너지로서 지각과 인지에 근거한 광고구성

광고 캠페인을 진행하는 광고 크리에이터는 먼저 소비자의 문화적인 내용을 찾아내려 한다. 방법이 무엇이든지 간에 광고 크리에이터는 소비자와 서로 상호 주관적인 결론을 찾아내려는 것이다. 신제품의 경우에는, 그때까지의 기존제품이 소구하지 않은 특성을 이용해 포지셔닝하는 이유도 실은 거기에 있다. 또한 제품의 품질과 가격 면에서 인정된 상태라면 더욱이 그렇다.

먼저 모델을 통한 광고 소구의 부정적인 예를 들어 이 사실을 설

---

103) 타나카 히로시(2002), 신광고 심리, 엘지애드 출판부, pp.26 – 75, pp.172 – 175.

명해 보자. 흔히 가장 소구가 강하게 느낄 수 있는 방법 중 하나가 모델의 소구[104]이다. 효과가 있는 만큼 모델의 이미지와 제품이 서로 조화를 이루지 못하는 광고가 있다. 간염 백신 공장을 견학하는 국문학과 교수, 의약품 효능을 분석하는 소설가, 컴퓨터 성능이 좋다고 자판기를 두드리는 탤런트, 학습지가 좋다고 외치는 코미디언 등. 그 같은 경우에는 도리어 역효과가 생긴다. 이 역효과는 광고가 광고를 보는 소비자의 지각과 인지의 시간을 최대한도로 축소시키기 위하여 모델을 노출한 만큼의 시간만을 갖춘다.

성적 소구 또한 광고표현에 있어서 상당히 강한 반응을 지니고 있는 것으로 알려져 있다. 이 반응이란 다름 아니라 지각과 인지의 반응 시간을 축소하려는 의도를 지닌 것이다. 소비자의 사회적인 위치와는 관계없이 강한 흡인력을 지니고 있는 것은 '성적 소구'가 '문화'라는 차원에 앞서서 생물적인 '본능'이라는 차원에 먼저 끌리기 때문이다. 이것 역시 정보처리라는 차원에서 본다면 중심경로를 통한 판단보다는 주변경로를 통한 소비자의 눈길이라고 볼 수 있다. 그렇지만 단순히 주의를 집중하기 위해 사용되는 성적인 자극은 광고효과가 없다. 소비자가 성적인 묘사에 관심을 쏟게 되어 정작 관심을 가져야 할 브랜드에는 신경을 쓰지 않을 수 있기 때문이다.

---

104) 단적인 예로 많은 사람들이 전화로 이야기하는 것을 싫어한다. 그보다는 서로 얼굴을 마주 보면서 이야기하는 것을 좋아한다. 그리고 상대방을 보고 이야기를 하면 보다 설득적이다. 전화할 때야 상대방의 얼굴이나 표현을 볼 수 없지 않은가? 연신 굽실거리면서 전화하는지, 아니면 얼굴을 찡그리면서 전화하는지. 따라서 메시지를 전달하는 모델이 얼굴을 보이면서 등장할 때, 소비자는 모델의 개성이나 성품을 느끼게 된다. 그러므로 이야기를 전달하는 것이 중요한 관건인 광고에서는 얼굴 있는 광고가 보다 의미 있고 효과적인 커뮤니케이션을 할 수 있다.

상품과 성의 연관성이 높으면 성적 자극이 효과가 있지만, 관련 정도가 낮으면 자극을 주기만 하고 주의를 분산한다는 것이 일반적인 연구 결과다. 이것은 이미 성적인 소구가 이미 문화상품으로서의 가치로 승격됨을 암시하는 단서로 간주되는 것이다.

그렇다면, 광고표현과 제품 사이에는 어떤 관련성이 있어야 하는가? 성적 소구가 효과를 발휘하기 위해서는 상품의 물리적 혹은 심리적 기능과 연관이 있어야 한다. 전자는 상품의 물리적 특성이 성과 관련된 경우이다. 여성의 가슴을 크게 하는 건강보조기구를 광고할 때는 여성의 매혹적인 가슴을 제시하는 것이 효과적이다. 반면에 후자는 상품을 사용하거나 소유함으로써 연상되는 환상이 성적으로 연관된 것을 일컫는다. 환상은 우리가 일상적으로 경험하는 광범위한 심리적 현상 가운데 하나인데, 대다수 성인들은 성적 환상을 체험한다. 예를 들면, 향수를 사용하여 자신의 몸에서 베어 나오는 매혹적인 향기가 연인에게 신선한 자극을 줄 것이라는 내용의 향수광고가 있다고 하자. 이는 여성 소비자 잠재 욕구를 환상적 만족으로 제공해 주는 심리적 기능에 속한다.

위의 논의를 요약하면, 광고표현은 단순히 모델을 내세우거나 성적소구를 한다고 해서 효과가 있는 것은 아니라는 사실을 알 수 있다. 지각과 인지의 시간을 단축하기 위한 방법은 기본적으로 단축과정에 도사리고 있는 함의적인 의미를 염두에 둘 수밖에 없다. 지각과 인지과정 속에서는 정보처리라는 생물학적인 접근방식으로는 설명할 수 없는 다양한 성의 외연의미(Connotation)가 함의되고 있기 때문이다.

이런 의미는 광고의 콘셉트보다는 주로 언어와 조형적 요소로부터 유발된다. 조형적 요소의 예를 들어 보자. 점은 단순한 형태에 속한다. 하나의 점이 즉각적인 주의를 불러일으킬 수가 있으며, 두 점은 거리감을 나타내기도 한다. 그리고 세 개 이상의 점이 나열되면 소비자는 상상 속의 선을 그린다. 또한 점이 수없이 많이 찍혀서 그림이 형성되기도 한다(점묘화). 텔레비전 화면도 사실은 빨강, 녹색, 파랑색 점이 집합되어 형성되어 있다. 선은 그림과 밀착되어 그려진 결과이다. 직선이든 곡선이든 또는 곡선과 직선의 합성이든 간에 이들은 개별적인 점들의 연속물에 기초한 시간적 에너지를 함축한다. 그러나 선은 소비자에게 시간의 존재를 상기시키는 것이 아니라 어떤 감성을 불러일으킨다. 이 감성은 사물의 배치에 의하여 제각기 다른 분위기를 자아내며 동시에 자신의 개성을 마음껏 뽐내기도 한다. 형태의 기본적인 속성인 점까지도 어떠한 관계 속에서 분위기를 만들어 낸다. 마찬가지로 카피와 이미지, 색과 재료들에 분석을 통해서, 이제 우리는 어떤 결론에 이르게 된다. 따가움과 차가움의 체계적인 관계는 결국 모든 사물들이 그 따뜻함과 차이라는 '분위기'의 개념자체를 정의한다고 볼 수 있다. '분위기' 있는 레이아웃은 그것을 구성하는 사물(카피와 비주얼)들 사이에서와 마찬가지로 존재들 사이에서 따뜻함 - 따뜻하지 않음, 긴밀한 관계 - 차이의 교체가 이루어짐으로써 형성된다. 큰 비주얼과 작은 비주얼, 작은 글자체와 큰 글자체 사이에는 어떤 관계가 반드시 필요하지만, 유동적이고 혹은 '기능적'이어야 한다. 다시 말해서 그 관계는 끊임없이 가능하지만 그 주관성은 확고해야 한다. 즉 관계들의 여러 유형들은 자유롭게 교환될 수 있어야 한다. 이것은 기능적인 관계인

데, 그 관계가 갖는 욕망은 이론적으로 부재한다. 광고 크리에이터와 소비자(Target) 양자의 공주체성은 바로 광고표현에 있어서 매 순간 '점과 선'의 흐름에 많은 영향을 미치고 있으며 또한 이미지에 대한 끊임없는 '속삭임'으로 관계 짓게 된다. 소비자의 개성은 곧 광고 크리에이터의 개성과 맞물릴 수 있으며 또한 소비자의 가치 또한 조형적인 요소의 다양한 관계 속에 드러난다. 이렇듯, 광고표현은 광고 크리에이터와 소비자가 동일하게 공존하는 공주체성을 지녀야만 지각과 인지의 시간의 문제를 극복할 수 있다.

지금까지 모든 광고에 문화가 배어 있지 않고 단순한 정보처리기능을 통한 과정으로서의 혹은 송신자와 수신자와의 관계를 연결시켜 주는 차원으로서 해석을 한다면 모든 광고의 메시지는 그야말로 무미건조한 것으로 전락하고 말 것이다. 지금도 이러한 차원의 광고가 없는 것은 아니다. 대표적으로는 동일한 메시지에 대한 반복적인 효과를 통한 주입식의 광고 또는 지속적인 반복 노출을 통한 스팟(spot)광고 등을 들 수 있다. 이미 이러한 스타일의 광고는 미국에서는 가장 많이 활용하고 있다. 왜냐하면 바쁜 생활에 쫓기는 소비자에게 동일한 상품을 소구하는 데 있어서 이만큼의 효과는 없기 때문이다. 또한 다수 인종으로 인해 문화적 성격이 다양한 소비자에게 편협한 문화를 노출하는 것은 그만큼의 손실을 가져온다는 사실을 광고주는 잘 알기 때문이다. 그러나 이러한 어쩔 수 없는 상황에서의 광고표현을 제외한 모든 광고는 문화라는 거대한 세계가 있음을 알아야 한다. 광고 크리에이터를 한편으로는 문화를 창출하는 전문가로 인정하는 것은 바로 소비자의 문화적인 정체성(Identity)에서 출발한 것이다.

2. 문화적 체계에 근거한 소비자의 재해석

1) 소비자의 문화적 차원

주체성의 문제는 이제 서구의 근대 관념철학이나 현상학 또는 후
기구조주의 철학에서만 논의되는 중심적인 개념에 그치지 않고, 그
논의의 성격에 상관없이 철학, 사회학, 인류학, 언어학, 문화론, 커
뮤니케이션이론 등의 연구 영역을 넘나드는 인문, 사회과학의 중심
개념이 되었다. 그런 점에서 오늘날 소비자 개념은 단순히 '경험적
미디어 소비자'에 그치지 않고, 인간커뮤니케이션 내지 사회적 커뮤
니케이션의 실질적 담당자, 즉 주체자로 이해되고 있다.

인식주체로서 소비자에 대한 능동성 내지 주체성 패러다임과 소
비자의 수동성인 객체적 패러다임 간의 논쟁이 있다. 이는 인간에
대한 오래된 주제인 이성적 주체론[105](근대성)과 '소비자의 실종'
내지 '주체의 죽음(탈근대성)'에 대한 논쟁을 통해 이해된 것이다.
이들 간의 논쟁은 매우 복합적이어서, 패러다임 간의 융합 내지 수
렴은 아직도 요원하다 하겠다. 그런 점에서 소비자 연구는 근대성에

---

105) 주체(subject)/주체성(ivity)의 문제는 17세기의 데카르트의 철학까지 거슬러 올라가
　 는 용어이다. 여기에서는 칸트의 선험적인 주체로서 내가 생각하는 과정에 있을
　 때 모든 나의 재현물들에 동반해야 하는 "나는 생각한다(cogito)."이다. 그것은 내
　 가 가진 모든 생각들을 나의 것으로 만드는 것이다. 선험적 주체는 경험적(즉 물질
　 적) 단일체가 아니라 내가 어떤 생각이든 가지는 데 필요한 형이상학적 전제조건
　 이다. 이러한 의미에서 "주체는 자의식(self consciousness)의 원천이다."를 언급한
　 다. 앤드류 에드거, Ibid, p.390.

못지않게 미완의 프로젝트이다. 이렇듯 미완으로 남아 있는 근대성 및 소비자의 주체성의 문제는 아직도 커뮤니케이션의 담당자인 인간에 대한 문제를 다루고 있기 때문에 소홀히 넘길 수가 없는 것은 당연하다고 보겠다.

오늘날 소비사회에 있어서 문화적 차원은 소비자의 능동성과 수동성의 문제를 모두 관통하여 이해할 수 있는 토대를 제공한다. 문화는 "인간이 사회를 살아 나가면서 익힌 지식이나 믿음, 예술, 도덕의식, 법, 관습의 총체"[106]로 이해된다. 그러나 문화는 총체적 교육의 실제이긴 하지만 개인으로서 소비자의 개별적인 욕망에 따라 색채를 달리할 수 있다. 나름대로의 욕망에 따라 존재하는 교육된 총체를 이용한다는 뜻이다. 그렇다면 거꾸로 문화는 개인에게 올라가면서 그 방향을 달리할 뿐 기본적인 교육의 체계는 동일하게 지닌다고 이해할 수 있다.

샤프 연필 한 자루가 있다고 하자. 샤프 연필 한 자루는 문화는 아니다. 샤프 연필은 샤프 연필이라는 개념에 의해 집단에 공유된다. 우리가 문구점에서 샤프 연필을 쉽게 살 수 있는 것은 문구점 주인과 나 사이에 샤프 연필이라는 개념을 공유하고 있기 때문이다. 따라서 문화적인 것은 샤프 연필이라는 추상적인 개념이다. 그러나 샤프 연필의 문화적인 성격은 여기에 그치는 것이 아니다. 샤프 연필은 그 이전에 쓰였던 연필로 사용했던 때보다 실용적이고 따라서 많은 사람들에 의해 사용된다. 샤프 연필의 개념 속에는 <실용성>

---

106) 1871년 테일러(Edward Tayler)가 처음으로 정의한 문화의 뜻이다. 이는 아직도 가장 기본적인 문화의 정의로 인식되고 있다.

이라는 의미가 함축되어 있는 셈이다. 이는 연필이 갖는 <비실용
성>과 대립되는 의미라 할 수 있다. 이러한 대립체계 또한 집단 혹
은 사회에 의해 공유된 것이다. 이렇듯 일상생활 가운데 우리는 공
통된 문화의 영역에서 살고 있다.

위의 예에서 나타난 바와 같이 문화적인 속성 가운데 우리는 샤
프 연필과 연필의 <실용성>과 <비실용성>이라는 대립체계를 발견할
수가 있었다. 문화란 이와 같이 실용적이라거나 비실용적이라거나
하는 개별사실을 건너 실용과 비실용을 대립시키는 또 다른 차원의
대립성도 문화의 영역일 수 있다. "문화는 '의식'의 산물이라기보다
역사적으로 일정한 의식형태들을 생산해 내는 매체가 되는 무의식적
형태들과 범주이다."107)라고 할 때 이를 정확하게 이해할 수 있다.
실용과 비실용의 존재와 이들 사이의 대립이 없는 문화도 있을 것이
다. 이런 의미에서 소비자의 문화적인 차원을 인류학적 문화의 차원
으로 이해할 수 있을 것이다. 이는 연이어 기술할 계층문화의 또 다
른 차원과 대비되는 전통과 민족문화의 하부구조를 말하는 것이다.
이 하부구조는 비교적 정적이며 단기간 내에 잘 움직이지 않는다.

간단한 예를 들면 베트남식의 타이포그래피가 있다. 베트남의 타
이포그래피는 베트남의 문화의식을 드러낸 것으로 장기간 사용하고
있는 것이다. 맥도날드사는 이 타이포그래피를 아시아 시장 전체를
겨냥하여 이용한 적108)이 있는데 이는 문화의 두 가지 차원(인류학
적인 차원과 계층적인 차원)을 혼동한 것이다. 문자의 문화가 잘 변

---

107) 앤드류 애드거(2003), ibid. p.212.
108) 1999－2003년까지 지속된 맥도날드의 대아시아 캠페인을 말한다.

하지 않는다는 정적인 의식만 지녔지 베트남의 타이포그래피가 실은 아시아 지역 내에서도 구별된다는 사실을 몰랐거나 무시했던 것이다. 한국이나 일본의 소비자들에게 이 문자는 생소하거나 매우 이국적이다. 따라서 이들에게 베트남의 타이포그래피는 지각적으로나 인지적으로 다른 지시체계를 지시하게 되어 있다. 간과할 수 없는 것은 동일대상에 대한 문화의 속성이 같다는 것은 소비자 집단의 문화가 동일하다는 것을 의미한다. 서로 상이한 문화를 지니고 있는 소비자는 동일한 대상에 대한 문화적인 해석이 틀릴 것이라는 것은 위의 예를 통해 쉽게 이해할 수 있을 것이다.

다른 한편, 공동체의 문화는 시대의 이데올로기로서도 이해될 수 있다. 인간이 공동체적이라면 그 표현으로서 담화 또한 공동체적이다. 그람시(Antonio Gramsci)는 '우리가 설명해야 할 것은, 어떻게 해서 모든 시기에 많은 철학적 사상의 체제와 조류들이 공존하며, 어떻게 이러한 조류들이 태어나며, 어떻게 그것들이 확산되며, 왜 확산 과정에서 그것들이 어떤 노선들을 따라 또 여러 방향으로 쪼개지는가 하는 것이다. …… 어떻게 해서 여러 세기에 걸쳐 사상이 정교해졌으며, 또 이 모든 과거 역사 — 모든 어리석음과 실수를 포함해서 — 를 포함하고 흡수한 오늘날의 사유방식이 만들어지는 데 어떤 집단적인 노력이 들어갔는가를 보여주는 것은 바로 이 역사이다.'[109]라고 말한다. 이러한 '역사적 문화'에 관한 그의 견해는 모든 계층적 층은 그 나름의 '역사적 상식'과 '양식'을 갖고 있는데, 이것은 기본적으로 삶과 인

---

109) 임영호 편역(1996), Ibid, p.261.

간에 대해 갖고 있는 가장 보편화된 관념이라는 것이다. 이것을 그는 이데올로기라고 규정한다. 이데올로기에 근거한 대중적인 지식은 단편적인 문화를 만들어 내며 이것은 또 다른 '의미가 통하는' 상호 의존 가능한 이데올로기가 생기는 것이다. 과학과 반대로 이데올로기는 폐쇄된 범위 내에서 계속 움직이며, 지식이 아니라 소비자가 이미 알고 있는 사물들에 대한 새로운 인지를 생산해 내는 것이다.

광고에서의 이데올로기 혹은 문화는 텍스트가 지니고 있는 역사 속의 상식과 양식에서 나타나 것이다. 이와 같이 지시체계로서 공동체의 문화적인 조건은 한 사회의 모든 소비자가 공유하는 지각과 인지의 틀이라 할 것이다. 그러나 소비자의 개인적인 입장에서 가질 수 있는 여러 가지의 지각과 인지의 패러다임을 결코 무시하기 어렵다. 이를 계층의 문제를 통해 이해하도록 한다.

2) 소비자의 계층적 차원

계층문화란 인간 주체가 가지는 삶의 관점과 그 내용이다. 특히 마르크스주의 인식론에서, 인식 능력과 인식 기능의 능동적 담지자(擔持者)로서 사회적 실천을 바탕으로 목적 지향적으로 환경에 작용을 가하여 환경을 물질적, 정신적으로 자기 것으로 만드는 "사회적 인간"을 가리킨다. 계층문화는 개인이나 그룹이 소비생활이나 일, 놀고 즐기는 데 있어서 독특한 형태를 띠는 것이며 계층문화 그룹은 비슷한 태도나 관심, 견해를 공유하는 사람들의 모임이라고 할 수 있다. 같은 계층문화 그룹을 형성하는 사람들은 취향이나 행동에 있어서 비슷하다고 할 수 있다. 이런 계층문화에 따라 광고표현의 수용 정도 또한 달라진다. 즉 공주체적인 지각과 인지, 이해도 또한 계층적 수준에서 이해[110]할 수 있다.

계층문화는 시장세분화(Market Segmentation)에 사용되는 중요한 변수 중의 하나이다. 그리고 계층문화를 중심으로 시장을 세분화하는 방법을 계층문화세분화라고 한다. 계층문화에 관한 이론은 미국에서 1960년대 말에 등장하였는데 시장세분화를 위한 접근방식으로서 70년대에 활발한 발전을 이루다가, 이론이 너무 오래되고 사회에 만연되었을 뿐만이 아니라 그 사용 효율성이 좋지 않다고 하여 80년대에 와서는 침체하게 되었다. 그러나 아직까지도 시장세분화를 위하여 가장 많이 연구되고 연구 결과 중 유용한 것이 있다면 그것은 바로 "계층문화"라고 할 수 있다. 이번 연구에서 계층문화는 광고크리에이터가 광고표현을 하는 데 있어서 임팩트 성에 대한 차이가 있을 것이라는 점을 착안하여 도입하게 되었다. 문화적인 체계를 직접 활용하는 광고크리에이터의 계층문화에 대한 이해가 없는 상태에서의 소비자에 대한 임팩트 성을 발견한다는 것은 쉽지 않을 것이다. 즉 계층문화는 광고크리에이터 각자가 문화를 나름대로 지각, 이해하는 일종의 지시체계가 되는 것이다. 계층문화를 형성하는 주된 요소는 가치(Value)와 개성(Personality)이라고 할 수 있다. 한 개인이 어떤 가치를 갖게 되기까지에는 각종 문화, 사회계층, 지시그룹(Reference Group), 가족 등 여러 가지 문화적 사회적 환경이 영

---

110) 계층문화 측정방법으로는 AIO(Activities, Interests, Opinions)분석을 많이 사용하고 이를 인구 통계와 연동시켜 계층문화 집단을 분류하고 있다.

향을 미치고 있음을 알 수 있다. 이것을 그림으로 보면 다음과 같다.

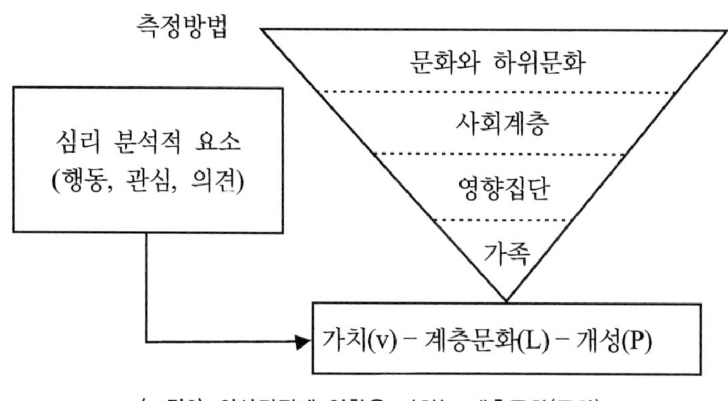

〈그림6〉 의사결정에 영향을 미치는 계층문화(문화)

　한 사회에서 인간은 많은 신념과 가치(Belief Value)를 갖는데 이 신념과 가치는 사람들의 특징적인 행동과 태도를 형성시키기도 하고 변화시키기도 한다. 가치란 사람이 날 때부터 타고나는 것이 아니라 세대에서 세대라든지, 하위문화그룹에 있는 사람이 상위그룹 사람으로부터 각각 얻게 되기도 하고 전승된다. 이러한 가치는 사회적인 다양한 기관에 의해 강화됨으로 해서 고도의 지속성을 갖는 핵심적 문화가치(Core Cultural Value)와 사회의 제반 영향에 따라 갖게 되는 2차적인 문화가치(Secondary Cultural Value)가 있다. 사람이 선해야 한다든가, 일을 해야 된다든가, 결혼을 해야 한다는 것 등은 핵심적인 신념과 가치라 할 수 있고 결혼은 하되 조혼을 한다든지 만혼을 한다는 것은 2차적인 가치라 하겠다. 모든 가치란 세대를 거듭해도 변하지 않고 영원하기도 하지만 특정세대의 환경에서 쉽게 변화되기도 한다.

　광고 크리에이터에게 중요한 것은 바로 소비자의 가치의 변화이다. 왜냐하면 이 가치가 계층문화 세그먼테이션을 하는 데 있어 가장 기본적인 차이점을 제공하고 계층문화는 소비자의 광고표현에 있어서 임팩트에 영향을 미치기 때문이다. 가치의 원천(Values Source)은 '제도의 3요소'(Triad Of Institutions)라고 하는 가족-종교적 제도-학교에서 오는 경우와 인생 초기의 경험 및 사람이 성장하면서 가치를 형성하게 하는 다양한 경험의 두 가지 유형이 있다. 여기에서 말하는 다양한 경험이란 전쟁이라든지 시민 권리 운동, 경제적인 요소 및 여러 가지 큼직큼직한 사건들이며 정부, 매체 등 제도적인 것들도 가치의 형성 전달에 영향을 미친다.

　세대 간의 가치의 전이는 다음 그림에서 보여주고 있는데, 한 사

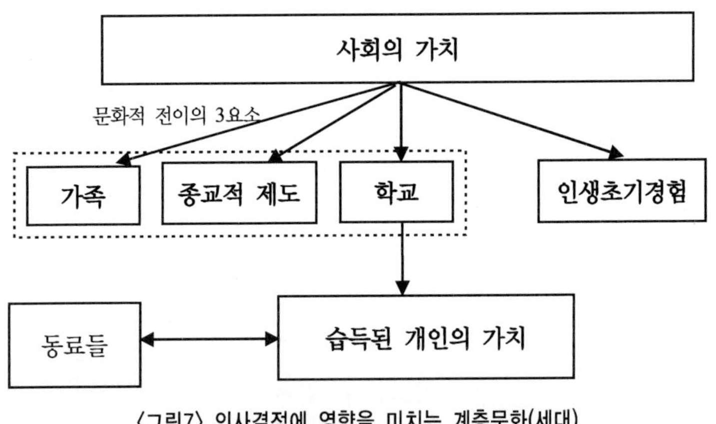

〈그림7〉 의사결정에 영향을 미치는 계층문화(세대)

회와 개인의 가치전이를 이해하는 데에 있어 제도와 3요소가 중대한 역할을 하고 있음을 알 수 있다. 제도의 3요소가 안정적이면 전달되는 가치는 상대적으로 안정적이기 쉽고, 제도의 3요소가 빨리 변할 때는 소비자의 가치도 빨리 변하기 쉽다.

참고적으로 핵심적인 문화적 가치의 변화와는 달리 시간의 흐름에 따라 쉽게 나타나는 2차적인 문화적인 가치의 예는 비틀즈나 엘비스 프레슬리와 같은 문화적 영웅들이 출현하여 젊은층의 헤어스타일, 의상, 성적 규범 등에 상당한 영향을 끼친 것을 보면 알 수 있다. 이러한 가치들은 소비자들의 신념과 행동을 형성하고 변화하게 하며 계층문화에 영향을 미치는 중요한 결정적인 요소라고 할 수 있다. 이처럼 핵심문화와 2차적인 문화변화, 즉 쉽게 변화하지 않는 가치와 변하는 가치를 잘 구별하고 특히 변하는 가치를 잘 파악해 광고표현에 잘 적용해야 하는 광고 크리에이터의 주요 과제라 할 수 있다.

3) 광고와 소비자의 체계적 연계성:
루만의 체계이론과 광고 크리에이터

본 연구는 앞서 광고의 표현에 있어서 문화적 작용관계와 소비자에 있어서 문화적 작용관계를 독립적으로 이해했다. 그리고 광고표현을 만들어 내는 소구의 양상과 소비자의 계층적 차이에 따른 지각과 인지의 차이를 언급했다. 이제 이 두 관계에 대한 체계적 연

관성에 대하여 논증한다. 본 연구는 이 논증을 위하여 루만의 체계
이론에 기대려 한다.

루만의 체계이론은 종래의 체계이론에서 주로 다루었던 '사회체
계의 기능방식' 대신에 '사회현실의 구성'을 전면에 내세우고 후설
(Edmund Husserl)의 내면적인 시간의식의 현상학을 그의 체계이론
에 도입시키는 이른바 '현상학화'를 시도한다. 즉 인간과 사회가 체
험하고 행동하는 하나의 대상은 한순간의 '의도 중심'에 놓여 있는
것이며(따라서 다른 것은 주변적으로 시사될 뿐이다), 의식이 의도
하는 것은 모두가 언제나 체험과 행위에 의해 접근될 수 있는 형태
로서 존재하는 세상의 '현재성'에서만 보장된다. 따라서 루만의 체
계이론은 본 연구가 지금까지 서술해 온 지각과 인지의 순간적 발
현과 그에 따른 광고표현의 방향성을 서로 종합적으로 이해하는 데
에 핵심적인 정보를 제공한다 할 것이다.

루만은 현대 생물학과 인지론의 대가인 마투라나와 바렐라(Hu-
mberto R. Maturana/Francisco J. Varela)가 펼치는 관찰자 입장의
인식론과 아우토포에시스(Autopoiesis)[111]의 논리를 받아들인다. 마
투라나와 바렐라가 발견한 사실은 인간의 강렬하고 높은 욕구의 하
나인 반박 불가능의 확실한 인지가 우리 눈의 '맹점' 때문에 불가능
하다는 것이다. "우리는 우리가 보지 않는다는 사실을 보지 않는

---

111) 아우토포에시스(Autopoiesis, 어원적으로 희랍어의 autos＝스스로: poiein＝만들다)는
생물학에서 생명세포가 세포막을 통하여 독자적으로 폐쇄적 활동을 하고 동시에 주
변세포와 역동적인 물질교환을 수행함으로써 '자기 재생산'을 계속 유지하는 것을
의미한다.

다."라고 표현되는 자신에 대한 무지를 인간이 갖는 공통적 특징이자 가장 큰 '스캔들'의 하나로 본다. 그래서 이들은 저 밖에 있는 대상을 우리가 의심할 수 없을 정도로 파악할 수 있다는 믿음을 버리고 '우리의 모든 행위는 인식이고, 모든 인식은 행위'라는 격언을 받아들이라고 충고하고 있다. 인간의 지각과 인지의 맹점에서 유래된 관찰자 문제성은 생명체의(세포) 조직 내부활동 과정을 통한 독자적 자기 재생산(Autopoiesis)의 행동논리에 의해 극복되는 것이다. 모든 생명체의 조직은 한편으로는 독자적인 작동(Operation)의 조건으로서 주위조직과 경계선을 그어 타 조직과 차단된 폐쇄적인 활동을 전개하는 독립체로서의 기능을 발휘하고, 다른 한편으로는 이와 동시에 주위의 조직과 역동적인 물물교환을 통해 자신의 구성요소를 지속적으로 생산해 낸다. 이렇게 해서 인간의 모든 인식 행위는 따라서 하나의 세계를 창조하는 것일 수밖에 없다.

　루만은 사회를 바로 이와 같은 세포의 활동과 동일하게 해석하여 연구자의 외부관찰자 입장에서 중립을 취하며 동시에 모든 활동단위가 동시에 열리고 닫힌 체계라 본다. 이러한 관찰입장에서 차별의 기준은 체계/환경이다. 루만의 두 가지 패러다임인 체계/환경은 결국 자기 관계적 체계로 활성화되는 것을 알 수 있다. 이는 체계의 독립분화와 함께 루만의 체계이론에서 중심적인 역할을 하는 급진적인 구성주의 핵심이 되는 것이다.112) 즉 타인의 관찰 관점과는 무관한 자기 관계적이라는 폐쇄적인 체계인 것이다. 이 폐쇄된 체계

---

112) Ibid, p.50.

는 자기 자율을 통해 다른 유기체들과 깊은 연관성을 맺는 가운데 스스로 생산하고, 스스로 조직하며, 자기관계적으로 스스로를 유지하는 아우토포에시스(Autopoiesis)적 활동으로 파악한다. 따라서 자기 관계적으로 폐쇄된 체계는 체계의 환경에 대한 개방성에 대해 모순이 되지 않는다. 폐쇄된 자기 관계적 활동방식은 오히려 결정능력이 더 있는 요소들을 구성함으로써 체계를 위해 가능한 환경의 복잡성을 증대시키기 때문에 가능한 환경접촉을 확대하는 형식이다.

이렇듯 루만은 사회＝사회적 체계＝커뮤니케이션의 등식은 종래의 모든 존재론적 체계이론(예: T. Parsons)의 이론 틀을 완전히 거부하면서 구성의 인식론을 극단적으로 단순화시킴과 동시에 자연과학과 사회과학 사이에 놓여 있는 높은 벽을 허물어 버린다. 이리하여 지각과 인지의 문제를 행동과 동일선상에서 이해함으로써 커뮤니케이션 개념의 새로운 정의를 요구하였다. 즉 커뮤니케이션(Auto-poiesis)들은 "자기 자신을 스스로 추진하는 과정으로서 현재화와 잠재화, 재현재화와 재잠재화의 통일로 표현되는 '의미(Sinn)', 즉 '가능성들의 연속적인 현재화 과정 그 자체이다.'[113]고 하였다. 여기에서 '의미'는 의식의 파장 중의 한 점(Point)이 지칭됨으로써 현재화된 것이다. 다시 말하면 이미 언급했던 '차별기준'의 하나인 '현재성/가능성'을 계속 반복(Re－entry)하여 구성의 도구로 사용하여 '현재성'을 지칭(차별)하는 '의미'에 따라서 연속적인 커뮤니케이션이 진행된다고 파악하고 있다. 이러한 '의미'는 커뮤니케이션의

---

113) Ibid, p.52.

공통된 대상이자 언어를 통해 일어나는 복잡성의 축약인 '주제'에 의하여 차별(지시)된다. 따라서 커뮤니케이션은 넓은 뜻으로 보면 특정 주제하에서 이루어지는 '의미'의 현상화인 것이다.114)

루만의 체계이론의 핵심적인 개념인 의미의 현상은 '체험'과 '행위'의 추가적 가능들에 대한 지시들의 잉여형태에서 나타난다. 다시 말하면 어떤 것은 의도의 중심에 있고 다른 것은 기타 체험과 행위를 위한 지평으로서 주변적으로 시사한다. 후설이 그의 현상학에서 주장하듯이 의도된 모든 것은 이러한 형태에서 세계의 현재성을 보장한다. 이러한 의미의 진행과정은 한 의도의 대상뿐만이 아니라 의미를 구성하는 현재성과 가능성의 차이를 항상 새로운 형태로 만드는 것이다. 그래서 의미는 '가능성들의 지속적인 현재화'이다. 이때 모든 현재화는 거기에 연계될 수 있는 가능성들의 잠재화를 낳는다. 의미는 따라서 현재화와 잠재화의 한 단위이다.

루만의 체계이론의 구축을 이루는 개념 중의 또 다른 하나는 '시간'의 개념이다. 앞서 말했듯이, 시간은 복잡한 체계에 있어서 '선택의 강요'에 대한 원인으로 본다. 시간은 특정한 구조적인 전제하에서 가능한데, 모든 요소가 모든 다른 요소와 결합될 수 있다면 어떤 체계도 실현될 수 없기 때문에 여기에 모든 복잡성 축소의 출발점이 있고, 구조들(특정한 선택의 가능성들로서 선택의 관점들)은 시간을 되돌릴 수 있게 잡아둔다. 왜냐하면 구조들은 제한된 선택 가능성들의 래퍼토리를 상시적으로 비워 놓기 때문이다. 즉 언제라도 관점을

---

114) Ibid, p.33.

바꿀 수 있는 준비가 되어 있다. 여기에서 구조와 과정의 차이는 돌이킬 수 없는 시간 안에서 원래의 되돌릴 수 있는 것과 되돌릴 수 없는 것의 차이를 재구성하는 데 필요하다. 우리는 우리의 관점이 바뀌면 구조를 제거하고 변화시킬 수 있지만 과정은 거꾸로 되돌릴 수 없다. 이를 두고 루만은 '복잡성의 시간화'라고 명명하고, 이것은 체계가 시간의 불회귀성에 대해 적응하는 것이다. 이때 구조는 나타나고 지나가는 요소들의 시간지속을 단축시켜 구성하는 능력이 있기 때문에 시간의 불회귀성에 대해 보조를 맞출 수 있다. 예를 들면 종교와 보험을 통해 현재에 해결할 수 없는 영생과 안정을 미래에 보장받으려는 노력은 시간을 두고 현재의 복잡성을 증대시키는 것으로서 당일만을 위해 사는 단순한 인간의 사고와는 다르다.

복잡성의 시간화 혹은 요소들의 순간화는 시간과 사물관계의 상호의존성을 단적으로 말해 준다. 이 시간과 사물의 결합은 진화론적 출발점이자 구유럽적 전통에서 볼 수 있는 헤겔의 체계의 하나인 '운동'의 개념에서 그 근원을 찾을 수가 있듯이 루만의 시간 또한 지각과 인지, 체험과 판단의 에너지로 바뀐다. 이는 앞서 설명한 바이다.

루만의 체계이론에 따른 의미와 커뮤니케이션 그리고 인식주체의 현상학적 운동을 정리하면 다음과 같다. (1) 사물차원은 의미 있는 의도의 대상(의식체계) 혹은 커뮤니케이션의 주제(사회적 체계)와 관계가 있다. 의미는 의도한 지시구조를 '이것' 아니면 '다른 것'으로 구분한다. 사물 차원의 연계능력은 여기서 외부 및 외부의 원인귀속의 차이로서 가능하다. 원인귀속의 방향에 따라 의미체계는 자기 자신에 대한 관계와 다른 체계와의 관계에 있어서 체험과 행위로 차별

된다. 의미의 선택이 환경에 그 원인이 있을 때에는 체험이고, 체계 자체에 원인이 있을 때에는 행위에 해당된다. 이 체험과 행위의 차이에 의해 의미의 재생산과 체계의 재생산이 가능하고, 전자는 항상 후자의 전제조건이다. (2) 시간 차원은 모든 사건에서 직접 경험할 수 있는 전과 후의 차이가 과거와 미래로 연장됨으로써 구성된다. 과거와 미래 사이의 시간 간격은 현재로서만 경험되고, 현재는 돌이킬 수 없는 것이 지속되는 동안만 지속된다. 이러한 의미에서 역사는 현재적 과거이고 현재적 미래이다. 시간차원에서는 원인귀속에 대한 차후처리가 결정된다. (3) 사회적 차원은 모두가 자신과 똑같은 너 같은 나를 상정하여 모든 세계 경험과 의미고정을 현재화하는 것이다. '사회적'이란 개념은 '가능한 시각 차이에 대한 독자적인 결정을 재생산을 담당하는 주체들'과 관계가 있다. 사회적 차원에서도 의미의 독자적 결정에서 나(Ego)와 너(Alter Ego)는 각각 너와 같은 나를 위해 정체성과 이름 그리고 주소를 갖게 된다. 즉 나와 너는 서로 상호인정을 분명히 깨닫게 해야 연계능력을 획득한다.

광고의 표현과 이를 지각하고 인지하는 소비자의 관계 또한 동일하게 설명이 가능하다. 이 관계를 광고 크리에이터를 중심으로 기술하여 광고크리에이터의 공주체적 양상, 시간에 대한 입장 그리고 아우토포에시스적 입장으로 이해될 수 있다.

(1) 소비자는 광고표현을 지각할 때 의미 있는 표현을 다른 주변의 표현과 비교해서 선택한다. 광고의 표현은 이미 질서 지어져 있다. 그러나 이 표현에 대한 지각과 인지는 소비자의 체험과 행동상황에 따라 달라진다. 광고의 표현과 소비자의 지각과 인지는 광고와

소비자가 지닌 지시체계에 근거하며 이는 잠정적으로 서로 같지 않기 때문에 그렇다. 광고와 소비자가 하나의 지시체계로 흡수되기 위해서는 양자의 지시체계가 역동적인 상징적 교환을 통해 서로의 구성요소를 지속적으로 생산해 내어야 한다.

이 두 체계는 문화적 구조로서 의미의 체계에 근거하여 자신들만의 지시체계를 구성시키지만 궁극적으로 하나의 세계를 창조하는 것일 수밖에 없다. 문제는 광고 크리에이터의 자세인데 광고표현이 소비자의 지시체계와 동시적으로 구성되기 위해서는 스스로 소비자가 되는 수밖에 없다. 이것이 루만이 주장하는 상징의 교환이다. 소비자를 적으로 취급하여 그를 설득하는 것만을 목적으로 가진 설득 커뮤니케이션의 일반론을 벗어나야 하는 것이다. 설득은 소비자의 마음속으로 들어가야만 가능한 것이지 머릿속으로 들어가서는 얻을 수 없는 것이다. 이런 이유로 판단보다 체험과 행동이 요구되며 이런 근거로 소비자의 지각과 인지의 순간성을 광고 크리에이터의 것으로 만들 수 있는 것이다.

(2) 몸이 약한 사람이 꿈을 꿀 때면 지나온 사건들이 시간적 연계와 상관없이 솟아올라 하나의 사건을 구성한다고 한다. 순간적으로 죽음을 경험한 사람들은 그 순간에 인생의 모든 중요한 이미지들이 모두 떠오른다는 경험을 진술한다. 광고크리에이터가 표현을 두고 느끼는 시간도 이와 같다. 영화감독이 1년간 촬영한 필름을 독방에서 편집하여 새로운 시간을 구성해 내듯이 광고크리에이터 또한 자신이 지나온 시간을 재구성하여 새로운 에너지를 만들어 내는 것이다. 실물의 시간에는 에너지가 없기 때문에 여기에 사로잡히면 창조는 없다.

150

광고표현의 효과는 현재적 경험의 양상이다. 그러나 이 효과의 문제에 매달릴 경우 과거나 미래의 투사를 기대할 수 없다. 광고 크리에이터의 주체적인 입장에서 시간의 차원은 재구성된다. 시간을 재구성하는 것은 눈앞에서 직접 경험할 수 있는 여러 진술이나 자료 혹은 관행에 묶이는 것이 아니라 이들 모두를 체화시켜 가슴속에서 하나의 에너지로서 용해시키는 것이다. 개별적인 광고는 광고 크리에이터의 에너지가 표출하는 일개 표현일 뿐이다. 이렇게 함으로써 과거와 미래 사이의 시간 간격은 광고 크리에이터의 가슴속에서 현재로서만 경험되고, 에너지로서 표출된다.

(3) 지각과 인지, 체험과 판단은 모두 욕망의 존재와 함께 존재하는 것이지 단독적일 수 없다. 광고의 표현에는 지각과 인지될 것이 따로 있고 체험되어 판단할 것이 따로 있는 것이 아니다. 욕망을 불러오는 기호가 달리 있는 것도 아니다. 이 모든 것이 문화적 지시체계에 의하여 함께 존재하고 함께 움직이는 것이다. 이는 광고 크리에이터에게만 통용되는 사실이 아니다. 소비자가 광고의 표현을 바라보는 지각과 인지, 체험과 판단 그리고 욕망의 차원도 이러한 것이다.

광고 크리에이터가 사회적으로 변하는 순간은 다름 아닌 지각과 인지의 짧은 순간을 경험하는 소비자의 지시체계에 들어가는 순간이다. 소비자의 지시체계는 주목하거나 선호하는 일방적인 통로만 있는 것이 아니다. 주목하지 않지만 주목을 촉발시키면 바로 반응하는 문화적 잠재요소가 있다. 선호하지 않아도 선호를 유발시키는 잠재요소도 있다. 선호나 주목의 방향도 고정적이지 않고 움직인다. 한번 싸웠다고 바로 고개를 돌려 영원히 적이 되는 친구는 거의 없다. 친구는 고개를 돌려도 자신의 잘못이 있는지 다시 점검하고 싸움 동안 벌어졌던 여러 지각과 인지, 경험, 판단, 감정의 양상을 모두 종합화시켜 다시 친구에게 되돌아온다. 광고표현에 대한 소비자의 행동도 이러한 것이다.

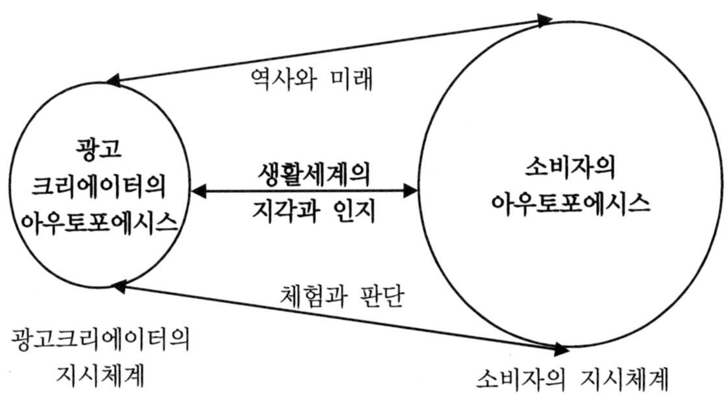

〈그림8〉 광고크리에이터와 소비자와의 체계적인 연계성 도식

이와 같이 본 연구는 지각과 인지의 생물학과 경험 중심적 광고 연구에 대한 추가적 대안으로서 현상학과 기호학 그리고 하버마스의 커뮤니케이션 행위론 및 루만의 체계이론을 제시했다. 현상학은 광고를 지각하고 인지하는 데에 있어서 광고정보의 정보처리적 인식의 한계를 일깨웠다. 현상학은 광고가 외부적으로 축적될 차가운 정보이기 이전에 소비자의 신체와 의식에 각인된 생활세계의 경험이라는 점을 주장한다. 생활세계는 민족, 지역, 계층별로 분화되어 있을 뿐 아니라 시, 공간적으로 복잡화되어 있다. 뿐만 아니라 생활

세계는 역동적이기 때문에 정량적 방식을 통해 고정적으로 이해될 성질의 것이 아니다. 이는 또한 광고 크리에이션에 있어서 비용대비 효과라는 경제 지상주의적인 접근을 다시 한 번 성찰토록 한다. 광고 및 정보일반에 대한 이러한 공주체적 인식론에 근거하여 광고기호를 과학적으로 분류하고 이를 분석해 나가는 기호학은 현상학과 함께 광고 크리에이션의 문화적 접근방법으로서 크리에이션의 앞과 뒷면을 이룬다 할 것이다.

한편, 현상학과 기호학이 보여준 소비자의 기저의식은 생물학과 경험과학이 지닌 '자유의지를 가진 인간'이라는 선험적인 주체의 추상적인 정신논리가 아니라 상호주체적인 커뮤니케이션을 통해 구성된다는 사실을 하버마스는 지적한다. 즉 하버마스는 의식과 감성의 교환의식에 따른 소비자의 상호영향력의 차원을 주목토록 이끈다. 주체적 소비자란 다시 말하면 남으로부터 영향을 받고 또한 소비자 스스로 남에게 영향을 주는 능동적이며 상호적 인간임을 주장한다. 그리고 이 커뮤니케이션의 차원이 체계적이며 이 체계는 기능적인 것이 아니라 감성적이며 역동성을 지닌다는 것이 루만의 주장이었다. 이런 지적 흐름을 종합하면 광고 크리에이션에 있어서 중요한 것은 단순한 정보의 전달이나 주목도, 선호도의 문제가 아니라는 점을 알 수 있다.

현재의 효과는 현재의 효과이지만 거기에 과거와 미래의 투여가 존재하는 한 지속적일 수 있다. 현재의 효과가 현재의 효과라고만 믿어 버리는 현재성의 논리를 벗어나지 못하면 광고 크리에이터의 상상력은 무너질 수밖에 없다. 소비자에게 비판을 받는 광고를 만들었다고 해서 잘못된 광고가 아니라는 뜻이다. 광고 크리에이터가 아우토포에시스적인 자세를 견지하는 한 그는 소비자의 표피적인 주목과 선호의 상황을 만나는 것이 아니라 소비자의 지시체계와 만나며 그로 인해 진정 전문가가 될 수 있는 것이다.

3. 문화이론적 광고크리에이션의 탐색

앞선 연구를 통해 다음과 같은 소결론을 얻을 수 있다. 첫째, 광고는 소비자의 생활세계와 함께하는 공주체적인 기호라는 점 둘째, 광고는 소비자를 직접적인 설득의 대상으로 하는 것이 아니라 소비자가 지닌 문화적 체계에 접근함으로써 소비자의 설득을 기대한다는 점 셋째, 광고는 정보적 기호가 주는 의식의 내용보다는 보다 역동적인 감성의 차원에 집중한다는 점이다.

이런 결론에 따라 본 장은 기존의 광고 사례를 검토하고 광고 크리에이션에 있어서 방법의 문제를 고찰한다. 상식적으로는 방법을 고찰하고 이에 따른 사례를 제시할 수도 있을 것이나 광고 크리에이션이란 하나의 방법에 하나의 광고를 설명토록 하지는 않는다. 크리에이션의 에너지는 광고의 결과물보다 훨씬 더 넓고 복잡하기 때문이다. 따라서 문화이론적 토대를 지닌 광고의 사례를 미리 제시하고 이를 연이어 방법에 견주어 이해할 수 있도록 순차적으로 기술한다. 그리고 사례와 방법에 따른 향후 연구문제까지 제안해 본다.

1) 문화이론적 광고의 사례와 해석

크리에이션의 용어를 사용하는 인간적 제작의 모든 경우가 그렇듯이, 광고 크리에이션의 경우에 있어서도 제작의 창의적 차원과 인공적 차원 혹은 구성적 차원을 벗어날 수 없다. 제작의 근거를 신화적인 곳에 두든, 미술사에 두든, 아니면 제작가들의 브레인스토밍에 두든, 광고 콘셉트가 표현에까지 전개되는 데에 있어서 필요한 것은 기존에 존재하고 있는 개념과 이미지의 표현과 의미뿐만이 아니라 이들을 서로 관계시키는 창조적 상상력이다.

중요한 점은 이런 기존의 개념과 이미지 그리고 창조적 연관관계와 같은 것이 실은 소비자가 지닌 문화적인 차원에서 동일하게 발견된다는 점이다. 이는 주관 속에서 객관을 발견하고 객관 속에서 주관을 발견하는 문화이론의 근본원리를 나타내는 것이다.

지각과 인지의 좁은 거리를 만들고자 하는 광고의 시도는 흔히 네거티브 소구를 통한 방식이나 스캔들의 내용으로 만들어져 왔다. 베네통의 광고가 보여주듯이, 광고는 소비자의 인지과정을 최대한 줄이기 위하여 충격의 이미지를 드러낸다. 이 충격의 이미지는 소비자의 기억과 문화의 가장 비정상적인 차원에 접근함으로써 이 충격을 이끌어 내고자 한다. 이런 광고는 지각의 충격이 기억의 상기보다 더 중요한 것이라는 전제를 지닌다. 이는 "합리적인 논리를 중시하는 서구문화가 분석의 이름으로 이미지를 폄하하고 억압한 결과, 이미지의 폭발시대에 맞이한 결과"115) 중 하나이다. 따라서 진정한 문화적 광고라 이해하기 어렵다. 문화는 앞서 논증했듯이 현상의 차원이 역사적이며 심층적인 소비자의 의미구조에 근거할 때 비로소 이해되는 공동체의 기억이기 때문이다.

반면, 내용을 생각나지 않도록 빠르게 프레임을 돌리는 TV 광고 또한 마찬가지다. 흔히 사춘기 청소년을 대상으로 하는 스포츠 음료나 MP3 광고가 그런 양상을 보인다. 이러한 광고는 소비자가 기본적으로 지니는 지각, 인지, 기억, 욕구의 요소들 중 지각과 욕구의 요소만을 과대하게 부각시킨다고 볼 수 있다. 그러나 지각과 인지의 거리가 짧다는 뜻은 본 연구에서 충분하게 논증했듯이 지각과 욕구의 거리를 '잊게' 하는 것이 결코 아니며 광고 또한 그렇게 소통될 수도 없다. 이는 앞서 비판적으로 이해한 지각의 생물학적인 차원에서 얻어질 결론이다. 지각과 욕구의 거리가 짧아지기 위해서는 인지와 기억의 내용이 오히려 커야 하는 것이다.

이런 의미에서 소비자의 생활문화 속에서 항상 벌어지는 일인 동시에 차마 느끼지 못하고 있었던 문화적 기억들, 항상 생각하고 있지만 사회적으로 제어되고 있는 규칙들과 같이 해방의 이미지, 귀속의 이미지를 지니지만 무작정 주장되는 것이 아니라 소비자의 생활 속에서 탐색되는 종류의 사건들을 사용하는 광고를 문화이론적 광고로 이해할 수 있을 것이다.

삼성생명의 2005년 광고 아들 편을 보면 해맑게 웃고 있는 어린아이의 단순한 컷을 통해 '생명'을 이야기하고 있다. 이 광고는 기만적

---

115) 유평근 & 진형준(2002), 이미지, 살림, p.14.

일 수도 있는 보험사의 기업행위를 어린아이의 웃음에 중복적으로 투여한다. 즉 어린아이는 성인보다 더 생명적으로 가치가 있으며 성인보다 더 순수하다. 생명을 다루는 기업인 동시에 어린아이의 순수한 웃음과 같이 거짓 없는 보험의 이미지를 교차적으로 드러내는 것이다.

어린아이와 생명 그리고 어린아이와 진실의 관계는 문화적으로 규정된다. 물론, 생명이 짧은 어린아이, 거짓말하는 어린아이도 있을 것이다. 그러나 광고는 대상의 사실(Fact)을 전달하는 것이 아니라 소비자가 대상에게 기대하는 바의 것(Symbol 혹은 Dream)을 전달하는 기호구성체이기 때문에 위와 같은 문화이론적 조합이 가능한 것이다.

더 나아가 이 광고가 진정 소비자의 문화적 체계를 전제로 한다는 사실은 조형표현에서 드러난다. 어린아이의 사진을 반으로 잘라 하단에 위치시키고 위 공간을 비워 둔다. 어린아이는 작은 아이이다. 따라서 작은 어린아이가 계속 위로 올라갈 가능성(커 갈 가능

〈이미지1〉 삼성생명 아들 편

성)을 위의 빈 공간을 통해 이해시킨다. 기호학적으로 볼 때, 조형적으로 상하를 구분한 이유는 조형표현의 문화적 체계(자라다＝올라가다＝키가 커지다 등)에 근거한 것이다. 이런 이유로 조형표현은 "아들의 인생은 길다."의 카피와 서로 종합된다.

아들이라는 주제와 같이 소비자의 가족생활에 깊숙이 관계하는 광고뿐만 아니라 소비자의 사회관계에 깊숙하게 관계하는 광고 또한 문화적 체계를 담는다. SK 텔레콤의 사람과 사랑 그리고 커뮤니케이션 편의 주차장 광고가 있다. 스냅사진으로 찍은 광고 이미지에 생활상을 찾을 수 있다. 생활(Living)이란 살아 있다는 것이며 살아 있는 것은 스냅적으로 표현될 수밖에 없다. 주차장을 비워 두는 주인의 마음에 따라 이사 오고 싶은 동네라는 주제는 소비자의 주차에 대한 욕구를 드러낸다. 그런데 이 광고 이미지가 사람과 사랑 그리고 커뮤니케이션과 무슨 관계가 있는가. 그것은 텔레콤이라는 기계적 커뮤니케이션의 문제를 사람 간의 정서적 커뮤니케이션으로 둔갑시킨 것이다. 기업이 지닌 기술, 기계주의의 이미지에 사람 간의 소통이라는 그것도 정서적 소통이라는 문화구조를 이용해 전환시킨다. 앞서 권명광과 신항식이 주장하듯이, 제품과 기업의 이미지를 사회, 문화적 차원으로 어떤 방식으로 전환(Transposition)시켜야 하는가의 점은 실은 광고 크리에이션의 핵심적인 문제다.

경동보일러 광고의 경우, 광고 이외의 사회문화적 문맥이 집중적으로 메시지로 전환되어 있다. '아빠, 서울 하늘에도 별이 많네!'의 카피는 서브 카피에서 보여주는 대도시와 농촌 혹은 지방의 이항대립적인 내용을 대표한다. 도시와 농촌의 대립이 경제사적 대립이라

〈이미지2〉 경동 보일러 2: 아빠 편

면 별이 많다와 적다의 대립은 문화적 체계의 대립이다. 즉 별이 많으면 자연이 보존된 것이고 별이 많지 않으면 자연이 훼손된 것이다. 자연보존과 훼손의 문화적 감수성이 광고에서는 기술로서 이해되는데 기술은 자연훼손과만 일으키는 것이 아니라 자연보존에도 기여할 수 있는 도구라는 점을 오늘날 근대화되어 버린 소비자에게 이해시키는 것이다. 이 광고가 도시적 문화체계를 근거로 하는 이유는 위와 같은 것으로 농촌에 이 광고를 내놓을 수 없는 이유도 여기에 있다.

조형표현은 도상적이지만 매우 단순하다. 현상학적으로 보았을 때, 밤의 이미지는 도시의 밤으로만 지각 및 인지되지 않고 깨끗한 도시의 밤이라는 정서적 차원의 이미지를 추가한다. 깨끗함의 이미지는 도시 자체가 아니라 별이 반짝이는 하늘과 트인 잔디 공간 때문이다. 이미지의 현상은 단독적으로 인지되는 것이 아니라 어떤 지향점을 가지고 인지된다. 이것이 대상의 현상학적인 차원이며 광고는 깨끗함의 목적에 광고 이미지를 지향화한 것이다.

〈이미지3〉 유한 킴벌리, 도시공원 편

유한 킴벌리의 도시 광고 또한 소비자의 문화적 차원을 고려한다. '숲이 있는 도시는 살아 있는 도시'라는 카피와 숲 속에 위치한 도시의 이미지가 그것이다. 도시는 죽음의 공간일 수 있다는 소비자의 문화적 차원을 고려했지만, 경동보일러 광고보다는 훨씬 순진한 방법으로 역설화했다. 이 광고 이미지가 비교적 그로테스크하게 보이는 이유는 역설의 방법이 현상학적이라기보다 지나치게 정보적이기 때문이다. 자연스러운 지각의 작용이 벌어지도록 도시와 자연의 이미지를 지향화하지 않고, 도시의 이미지에 곧바로 깊은 숲의 이미지를 교차적으로 보여줌으로써 도시와 자연의 대립성만을 부각했다. 따라서 이것과 이것이라는 종합적 상상력이 아니라 이것 아니면 저것이라는 배타적인 정보를 주어 배타적인 항목 중 선택이나 비교를 유도하는 것이다.

이러한 배타성의 정보전달적 광고는 흔히 비교 이미지광고에서 많이 제시된다. 고추와 버선이 지닌 한국성만을 강조해 이를 비교시킨 현대증권 광고의 경우가 그렇다. 고추의 구부러진 모양과 버선의 구부러진 끝 모양을 비교해 '상승'의 개념과 비교시켰다. 그러나 소비자의 문화적 체계로서 고추와 버선의 끝 모양은 '상승'의 이미지하고는 연관이 없다. 단지 모양이 비슷하다는 내용을 지닌다. 더욱이 증권이라는 현대의 제품을 전 근대의 제품과 비교하여 이를 지각시키는 광고의 이미지는 앞서 유한 킴벌리 광고 이미지보다 더욱 그로테스크할 수 있다. 고추나 버선으로 한국을 상징하기에 한국의 소비자의 문화는 이미 근대화되어 버렸다. 한편, 다이어트 제품 광고에서 보듯이, 다이어트 전과 후를 보여주면서 소비자의 정보적 선택만을 유도하는 광고도 그런 것이다. 이런 광고는 소비자가 지닌 정보적 개념으로서 '살이 찌다'와 '날씬하다'의 순진한 대립을 강요할 뿐이다. 그러나 소비자의 문화적인 체계를 이해하고 이를 현상학적인 방식으로 지각과 인지를 유도하는 광고는 다이어트의 문화적 개념을 검토하고 이를 조형적으로 연관 짓는다. 예를 들어, 살이 찐다는 개념을 우울함, 고정적임, 육중함, 구강쾌락적임과 같은 문화 체계적 의미 속에서 살펴보면 다양한 콘셉트의 패러다임을 구상할 수 있을 것이다. '날씬하다'의 경우도 마찬가지다. 활기참, 항상 분주함, 가벼움, 대인쾌락적임 등과 같은 문화적 심층의미를 통해 다시 재구성될 수 있을 것이다.

다시다의 광고를 보면, 광고 크리에이션에 있어서 이미지적 상상력의 중요성을 읽도록 유도한다. 제품의 속성은 조미료이다. 조미료란 근본적으로 본래 자연으로부터 추출된 식음료에 '부가'되는 부차성의 의미를 지니고 있으며 인공물 혹은 화학물일 수 있다는 부정적인 개념을 동반한다. 제품브랜드의 상황이 이렇다 보면 조미료 제품이 자연산이라거나 인공물을 첨가하지 않았다는 메시지를 아무리 강조해 보았자 본래 자연산인 식음료의 의미를 극복하지 못한다. 이것이 또한 소비자의 문화적 체계를 이루는 이데올로기이다.

광고는 제품을 광고 공간의 가장 구석에 몰아넣었다. 즉 제품명을 드러내어 제품의 속성을 강조하지 않는다. 반

〈이미지4〉 다시다

면 물속에 본래 식음료로 쓰이는 자연의 야채를 빠뜨림으로써 부차성의 조미료 제품과 본래 자연산인 식음료의 구분을 사라지게 한다. 더욱이 야채로서 양파, 마늘, 송이버섯 등은 칼로 다듬어지지도 않은 생생한 모습이다. 광고는 소비자에게 '당신은 조미료를 넣는 것이 아니라 바로 캐어 가지고 온 혹은 바로 시장에서 사 가지고 온 야채를 넣습니다.'라는 메시지를 이 광고 한 컷에서 모두 보여준다. 이는 앞서 기술했던 바르트의 코노테이션적 차원이라 할 것이다. 코노테이션은 생각하지 않고 바로 지각하고 인지해서 얻어내야 코노테이션이 지닌 본래의 효과를 얻을 수 있다. 이 광고는 소비자의 문화적 체계로서 자연에 대한 화학적 속성의 부정적인 면과 두려움을 즉각적인 이미지를 통해 해결하고 있는 것이다.

외국의 광고 또한 이러한 문화이론적 근거를 가진 사례를 많이 보여주고 있으며 깊고 넓은 호평을 지니고 있다. 금연광고로서 디즈니 애니메이션을 이용한 사례를 보면 문화의 깊숙한 곳으로부터 얻어진 콘셉트가 광고의 지각과 인지의 효과에 얼마나 중요한 역할을 하는가를 알 수 있게 한다.

흔히 금연 광고는 성인이나 청소년에게 직접적으로 어필하여 어떤 계몽적 주제를 다루는 것이 일반적이다. 그러나 아래 광고는 성인이 되어도 언제나 기억하는 유명 만화, 애니메이션의 콘셉트를 빌어 왔다는 데에서 문화적 친밀도를 얻어낸다. 성인의 기억을 통해서만 얻을 수 있는 문화적 친밀도가 광고의 효과를 내어 주는 것은 아니다. 여기에는 스타일의 전술적인 차원에 끼어들게 되어 있다. 먼저 광고의 위상(Composition)은 만화와 애니메이션의 프레임을

〈이미지5〉 디즈니 만화 광고

그대로 가져온다. 내용은 각기 틀리지만 프레임을 만화적으로써 매체의 정체성을 유지한다.

한편, 세부적으로 볼 때, 백설 공주가 마녀의 유혹으로부터 빠져드는 것은 사과의 모티브를 통해서이다. 이 광고는 담배에 유혹은 모티브를 결부시킴으로 개념 간의 은유를 실행한다. 사과가 만화 속의 유혹이라면 담배는 생활 속의 유혹이다. 유혹은 기본 개념에 표현의 은유가 적절하게 녹아들어 간 것이다. 이것은 피터 팬의 경우도 마찬가지다. 피터 팬은 영원한 어린아이이다. 이 어린아이가 성인의 물건인 담배를 피울 때 성인이 지닌 늙음의 의미를 취하게 된다. 담배는 피터 팬을 더 이상 피터 팬으로 만들지 않는 요소인 것이다. 마지막으로 잠자는

숲 속의 미녀를 깨우려는
왕자의 담배는 미녀로 하
여금 왕자의 접근을 거부
하게 한다. 이 애니메이
션의 내러티브에서 가장
절정의 순간에 담배는 이
절정의 의미를 뒤바꾸는
것이다. 이와 같이 문화
의 잔잔한 사물들로부터
광고효과의 혁신은 더욱
더 커지는 것이다.

〈이미지6〉 스파이더맨 광고

스파이더맨을 이용한
살충제 광고도 이와 유사
하다. 스파이더맨은 사람
(Man)이지만 거미의 속성을 아울러 지닌다. 흔히 초능력의 인간으
로 재현되는 상상의 인물로부터 상상의 근거를 빼앗아 버리면 단지
회화의 소품으로 전락된다. 이 광고는 소비자가 지닌 스파이더맨의
고정적인 상상을 제품의 능력에 근거하여 빼앗아 버린다. 문 옆에
누워 있는 스파이더맨의 팔은 환유적으로 상상의 깨짐을 더욱 강조
해 준다. 정보는 있는 그대로 정보의 의미를 전달할 때 광고의 미
학은 사라지는 것이며 이것이 뒤틀려질 때 비로소 미학적 차원을
이루게 된다. 스파이더맨의 경우 또한 이와 마찬가지다. 상상은 문

화의 영역이지만 상상이 전복되는 상상 또한 문화의 영역에서 가능한 일이다.

소비자가 지닌 문화적 차원을 내러티브라든가 상기할 기억을 통해 발현하려는 위와 같은 광고가 있는가 하면 광고의 표현성 자체로 문화적 차원에 다가서는 광고도 있다. 게토레이 광고가 그 사례로 볼 수 있다. 이 광고는 'It's never wanting to stop'이라는 매우 단순한 카피를 전경에 내세우고 배경으로서 여자축구선수를 이용한다. 중요한 것은 카피의 내용이라든가 축구선수가 누구인가 하는 정보 전달적 차원이 아니다. 이런 정보전달적 차원은 본 연구가 지속적으로 논증하고 주장하듯이, 광고 크리에이션과는 하등의 관계가 없다. 전달될 정보는 정보일 뿐이다. 이는 크리에이션이 아니며 크리에이션에 상관하는 정보의 문화, 사회, 미적 차원은 정보학의 입장에서는 아예 노이즈로 이해되기 때문이다. 이 광고가 문화적으로 이해될 차원은 조형성에 있다.

제품이 인물 속에 있느냐('is it in you?')는 서브카피를 통해 광고는 제품과 인물을 동일시하는데 이는 전통적인 크리에이션의 기법이다. 인물은 축구선수이다. 축구의 본질은 정해진 시간이지만 끊임없이 뛰는 일이다. 이 뛰는 일에 제품이 주는 이미지는 멈추지 않도록 해 준다는 메시지를 담는다. 반면, 카피의 내용인 '멈추지 않는다.(Never Stop)'는 개념을 조형적으로 형상화하는 것은 전통적 크리에이션으로부터 발전된 것이다. 인물은 찡그리고 있다. 공은 그라운드에 있는 것이 아니라 머리 위에 있다. 공을 헤딩하려면 인물은 분명 공중으로 올라왔을 것이다. 이는 사진의 프레임을 보아도

〈이미지7〉 게토레이 광고

알 수 있다. 사진은 인물과 공을 모두 프레임 안으로 넣지 않는다. 프레임 바깥에 인물과 공을 위치시킴으로써 형상의 연속성을 강조한다. 소비자의 시지각과 인지의 연상은 여기서 문화적인 차원과 만난다. 즉 찡그린 얼굴과 공중의 움직임이 스냅으로 정지되었을 경우 이는 움직이는 영상보다 훨씬 역동적이다. 광고는 정지하고 싶어도 정지할 수 없는 극적인 상황을 정지시킨 것이다. 이 조형적 차원이 바로 제품의 콘셉트인 'Never Stop'을 지지해 준다. 문화는 사물의 존재를 기억하고 이를 변형하거나 유지하는 일로만 만들어지지 않는다. 존재에 스타일적 양상을 부여하고 사물의 실존을 만드는 조형의 차원에서도 만들어지는 것이다.

이것을 다음의 광고와 비교해 보면 조형의 문화적 차원을 쉽게 이해할 수 있다. 우유광고는 유사한 여자축구선수를 등장시켰지만 지나치게 정보전달적인 차원에 인물과 카피를 묶어둔다. 전경에 인물을 배치시키고 '우유 먹었습니다.'(Got Milk)의 단순한 카피와 배경의 흰색과 구분이 되지 않도록 흰색유니폼을 입은 선수를 통해 우유의 존재를 알려준다. 이런 광고에는 문화가 없다. 단지 축구선수와 제품만이 존재할 뿐이다. 우유가 흰색이니 유니폼도 흰색이며, 우유를 먹었으니 힘이 난다는 지극히 단순한 메시지를 통해 정보를 전달하고 만든 것이다. 이런 광고에는 우유의 사회문화적 개념(육아 발육, 강장성, 단백질의 끈기, 백색의 위생적 개념과 순수함 등)이 없기 때문에 제품의 품질과 브랜드적 확산에 기여하기 어렵다. 이 광고는 마치 우유가 지닌 자체의 정보만을 드러내는 듯하지만 실은 광고가 인간의 문화적 차원을 통해 제품을 브랜드화한다는 사실에 비추어 볼 때, 지극히 19세기적 광고의 순진함에 매몰되어 있는 것이다.

〈이미지8〉 우유광고

　이와 같이 제품과 기업의 정보적 차원을 직접적으로 제공하지 않고 소비자의 문화적 차원에 들어가 이를 미적인 정보로 전환시키는 문화이론적 광고의 사례는 많다. 특히 브랜드를 지향하는 오늘날의 모든 제품과 기업은 직접적인 정보를 넘어 미적 정보를 양산한다. 이 미적 정보가 소비자의 문화적 차원에 근거해야 한다는 점은 소비자의 물질적 이익과 요구(Profit & Needs)를 넘어 정서적 관계(Emotional Relation)를 가져야 한다는 점을 이해하게 한다. 다음은 이런 광고의 창작과 해석을 위한 크리에이션의 방법을 탐색한다.

2) 광고 크리에이션의 방법 고찰

앞서, "우리는 우리가 보지 않는다는 사실을 우리는 보지 않는다."라는 마투라나와 바렐라의 언급은 광고 크리에이션의 문화이론적 접근 방법이 어떤 특징을 가지는가를 잘 설명한다 할 것이다. 연구자를 마치 기계로 파악하여, 연구방법의 무한정한 객관성을 주장하는 것은 결국, 권력의 관례에 의해 산출된다는 그람시의 주장 또한 이와 상응한다. '우리의 모든 행위는 인식이고, 모든 인식은 행위'라는 이들의 격언에 따르면, 광고 크리에이션과 연구하는 행위 그 자체 또한 사회에 대한 인식이며 이는 추후에 광고를 평가하는 행위를 또한 규정하는 행위이다. 즉 연구방법은 연구자의 주관적 인식과 행위를 재현하는 것으로서 방법적용에 있어서나 해석에 있어서나 서로 떨어질 수 없는 것이다.

한편, 광고 크리에이션은 광고가 제작되어 매체의 채널을 통해 소통된 이후 이를 점검하는 결과론적 연구방법에만 기대어 연구될 수 없다. 이와 같은 선형적이며 결과 중심적 연구방법은 마케팅의 물질적 성과를 기대하는 경제의 일반적인 연구방법을 따르는 것이다. 그러나 광고 크리에이션은 물질적 성과를 직접적으로 기대하지는 않으며 더 나아가 연구 대상이 물질적인 것도 아니다. 따라서 본질적으로 계량화할 수 없는 것이다.

다른 한편, 광고 크리에이션의 문화이론적 연구방법은 계량화할 수 없는 대상을 다루는 마케팅의 질적 연구방법을 포괄적으로 지칭하는 것이라고 볼 수도 없다. 동기분석이나 태도, 설문의 내용분석,

참여관찰, 간접인터뷰, 포커스 그룹 연구, 의미 차이분석법, 역할 행동법, 실험관찰법 등과 같이 광고 소비자의 차원에서 진행되는 질적 방법은 마케팅의 양적 연구방법이 접근하기 어려운 소비자의 질적 차원에 집중하는 것일 뿐이지, 크리에이션의 문제에 직접적인 영향을 준다고 볼 수 없기 때문이다.

광고 크리에이션은 제품과 기업의 문화적인 차원을 구성해 냄으로써 간접적으로 물적인 성과를 기대하는 상징적 작업이다. 따라서 질적이거나 양적 측정 방법의 상호보완적 관계를 벗어나 본질적으로 문화적 효용성에 기댄다는 점에서 마케팅의 일반적인 방법과 차이가 있는 것이다. 광고 크리에이션의 효율성을 점검하기 위해서는 문화생산의 원리라 할 만한 것을 점검하는 것이 올바른 것이다.

본 연구는 이론적으로 제시한 광고의 현상학적이며 문화구조의 토대에 근거하여 다음의 몇 가지 방법을 탐색한다. 탐색의 전제는 앞서 기술한 (1) 광고 행위의 상호 주관성, (2) 사실이 아닌 기호로서의 광고, (3) 질적 방법과 양적 방법의 종합 가능성이다. 이러한 전제에 따라 본 연구는 창의성 분석, 기호학과 사회기호학, 광고주의 제도분석, 역사심리학, 정신분석학적 방법 등을 제안한다. 이 모든 방법은 질적이거나 양적 분석의 기준을 벗어나 모두 광고생산과 소비의 현상학적이며 문화적 차원으로부터 구성된다는 공통점을 가지고 있다.

(1) 창의성 분석(Creative Analysis)

창의성 분석은 새로운 아이템을 개발하기 위한 전통적인 아이디어 발상법이다. 기호학(2.2 참조)이나 역사심리학적 분석(2.6 참조)이 루만이 제시했던 광고의 아이템이나 아이디어의 심층구조나 생활문화의 체계를 찾는 방법이라면 창의성 분석은 그와 같이 인류학적이나 사회적으로 의미가 고정적인 구조에 사로잡히지 않고 개념과 표현의 현상학적인 차원을 추적해 나가는 것이다. 창의성 분석은 일상의 표현이 지닌 광범위한 무의식적인 의미가 언어나 이미지의 시각적 한계를 벗어날 수 있도록 한다. 흔히 개인이 고안해 낸 언어와 이미지적 연상의 확대가 기술적 한계에 의하여 제한을 당하는 경우가 있는데 창의성 분석은 마치 "사이버 공간에서 펼치는 과감한 상상력을 언어와 이미지의 연상을 통해 이루어 내는 일로서 인간의 사회적 그리고 인지적 잠재력을 증폭시킨다 할 것"이다. "합리적인 조사방법이나 인상적인 이미지에 사로잡혀 대상의 무한한 창작 가능성을 놓치는 것보다 세련된 사유와 표현의 가능성을 탐색"116)하는 데에 창의성 분석은 언제나 유용한 것이라 할 것이다.

이런 창의성 분석에 주로 사용되는 방법은 브레인스토밍(Brain Storming)법이다. 소규모 집단의 형태를 가진 아이디어 집단을 설정하고 개인 각자에게 아이디어를 유발시켜 이 아이디어가 구성원들에게 연속적으로 또 다른 아이디어를 유발케 한다. 아이디어는 서로를 비판하고 비판받는 것이 아니라 아이디어의 연속성을 이어간다

---

116) 레비(Levy), P.(2002) 집단지성, 문학과 지성사, p.34, p.145.

는 것이 브레인스토밍법의 핵심이다. 절차로는 (1) 대화하기 편안한 장소를 잡아, (2) 8 - 10명의 아이디어 발상자를 모아 놓고, (3) 활발한 사회자를 뽑는다. (4) 개인 각자로부터 유발된 아이디어를 기술하여 추후에 이를 점검하는 간단한 절차를 지닌다. 주로 브랜드명이나 광고 카피를 선택하는 데에 사용된다.117)

창의성 분석법에는 직관적인 방법과 분석적인 방법이 있다. 쾨슬러(A. Koestler)가 오래전에 지적했던 두 가지의 연상단어나 이미지의 유사성을 근거로 서로 비교해 나가면서 표현의 가능성을 체크하는 방법이 직관적인 방법이다. '유리창을 닦는 세제'라 한다면 '닦다'의 동사에 연관된 무수히 많은 표현들을 열거하여 이를 유리창 혹은 세계와 연관시켜 보는 것이다. 그렇다면 유리창을 닦는 고양이(세제가 아닌 혀로 얼굴을 닦는 고양이), 유리창을 닦는 선비(유리창이 아닌 학문을 닦는 선비) 혹은 유리창에 뿌려진 때수건(세제가 아닌 닦을 수 있는 수건)과 같은 기교한 연상 단어와 이미지가 생산될 수 있다.118)

분석적인 방법은 실은 직관적인 창의성 분석을 계열화하여 이를 어휘, 통사, 음성학적으로 규정시켜 놓고 이를 적용해 나가는 방법으로 기본적으로는 직관적인 방법과 같다고 볼 수 있다. 말장난은 여기서 매우 중요하다. 말장난의 수준은 음성론, 통사법, 의미론에까지 이어지는데 이는 광고 메시지의 미적 차원뿐만 아니라 정보적 차원에 이르기까지 영향을 끼칠 수 있다.119) 어휘의 예를 들면, '아

---

117) Osborn, A. Applied Imagination, 신항식, (2004b), ibid.
118) Koestler A.(1959), The action of creation, 신항식, (2004b), ibid.

침햇살’, ‘아침뱃살’, ‘아침에 쌀’, ‘이웃집 토토로’, ‘이웃집 또 털어’, ‘이웃집도 털어’ 등의 언어유희가 보여주듯이 어휘의 확장 가능성을 견주어 보다 보면 어느 순간 광고의 개별주제에 걸맞은 어휘와 구문이 패러디적으로 생산되는 것이다. 이러한 패러디는 단순한 표현의 패러디를 벗어나 유사한 일상의 표현이 지닌 광범위한 무의식적 의미에 접근토록 유도한다.

　인간의 사유는 “통상 언어 속에서 수행되며 이성의 모든 활동은 전적으로 대화와 결합되어 있다.”[120] 위와 같은 대화를 통한 언어의 상호 결합은 가끔 언어의 현상을 뛰어넘는 무의식의 세계로 이끌어 가는 것이다. 한편, 창의성 분석은 아이디어 발상의 방법으로서 개인의 심층적인 의식 혹은 무의식에 잠재한 문화적인 상상력을 촉발시킨다는 점에서 의미가 있다 할 것이나 어휘나 구문론적 측면 이상의 영역으로 확대하지 못한다는 상상력의 단점이 있다. 즉 크리에이션의 차원은 깊을 수 있으나 광고표현의 지나치게 표피적인 표현의 차원을 지향한다는 점에서 광고기호의 깊은 차원이라고 할 내러티브나 인류학적 혹은 사회적 상상력을 고려하지 못하게 한다. 따라서 TV 광고나 시리즈 광고 등에 적용하기에는 어려움이 있다.

---

119) Wright J. S & Warner, D. S.(1963) Speaking of Advertising, New York: mcGraw
　　－Hill.
120) 커닝햄(Cunnigham, S.1995), 언어와 현상학, 철학과 현실사, p.53.

(2) 기호학과 사회기호학적 분석(Semiotics & Social Semiotics)

현재 문화적 토대를 근간으로 한 광고의 이론적 접근으로는 기호
학이 활발하다. 기호학은 눈앞을 스치는 자그마한 기호에도 무의식
적 문화의 층위가 있다고 믿는다. 따라서 기호학은 문화적으로 영향
력이 강한 광고나 드라마뿐만 아니라 옥외 디자인이나 사람들의 제
스처와 같이 흔히 그냥 스쳐 지나가지만 나름대로의 의미를 지닌
기호물을 집중적으로 탐구해 왔다.

1960년대 초, 바르트(Roland Barthes)의 제안으로부터 시작된 광
고의 기호학적 접근은 비언어적인 기호의 체계를, 언어의 체계
(Langue)를 기술하는 것과 똑같은 방법으로 기술하는 것이었다. 그
러나 바르트 이후 흔히 시각기호로 이루어진 광고의 체계는 언어보
다 훨씬 더 기술하기 어려운 가운데, 언어처럼 이중으로 분절되는
경우를 찾기가 그리 쉽지 않았다. 이런 이유로 기호표현들이 지닌
언어/비언어적 관계보다는 차라리 이들을 생성시키는 문화의 층위에
관심을 집중하게 된 것이다.[121]

따라서 표현의 미적 효과에만 집중해 왔던 광고계에 미적 효과의
문화적 심층적 차원을 고려하게 해 준다. 예를 들어, 광고 카피 "니
들이 게 맛을 알아?"의 경우, 이 카피는 카피라이터가 천재적인 감
수성으로 구성해 낸 것이 아니라 한국어의 규칙 속에서 존재하는
존칭과 비존칭, 의문형의 규칙, 개 맛과 게 맛의 혼동에 따른 한국
적 유머의 의미 등을 관계 지어 생산한 것이다. 따라서 언어이든

---

121) 김성도(2002), 구조에서 감성으로, 고려대출판부.

시각기호이든 중요한 것은 아이디어 발상이라기보다는 기존 기호의 관계양상이라고 판단한다. 이 관계 양상은 서로 은유적인 관계와 환유적인 관계 방어법적인 관계 등 수없이 많은 수사학적 관계 속에 위치하는 것이다. 예를 들어, TV 광고 속의 톱스타가 어떤 산소적 이미지 혹은 순수성의 이미지를 지니고 있을 경우, 이후의 또 다른 광고는 정수기라든가 자연친화적 메시지를 가진 경우에 톱스타의 이미지를 다시 사용할 수 있다. 또 거꾸로 매우 반자연적 혹은 첨단적 이미지에 그를 이용해 반어법적 효과를 노릴 수도 있다. 만약 이 톱스타가 자신이 지닌 이미지를 전혀 바꾸지 않은 상태에서 금융계나 보험광고에 출연했다면 이는 기호학적으로 효과를 볼 수 없는 광고로 판단된다. 왜냐하면 광고 메시지의 내용과 톱스타의 이미지가 무관하기 때문이다.

이와 같은 은유적 광고 창작과 해석을 보다 더 정교하게 만든 것은 그레마스의 <구조의미론 Semantique Structurale, 1966>이었다. 그에 따르면, 광고표현의 규칙은 표현에 앞서 존재한다. 광고 기호학을 정립하기 위한 노력은 형상과 의소, 동위성, 행위소, 이항대립과 기호사각형과 같은 중요 개념들을 구축하게 된다.[122] 이런 개념을 통하여 광고 크리에이션은 다음과 같은 순서를 밟는다.

1) 광고의 문화적 주제를 파악하여 이를 의미론적으로 구성시킨다. 예를 들어, 첨단의 주제를 가지고 광고를 만들고자 할 때 첨단 vs 비첨단의 대립구조를 핵심적인 의미의 구조로 놓고 나서 인공적

---

122) 이에 대한 자세한 설명은 권명광 & 신항식(2003), ibid.

이나 자연적이냐, 과거적이냐 미래적이냐, 노년적이냐, 청년적이냐 등의 여러 유관 의미를 통해 '첨단'의 계열체적 의미의 항목을 구성시킨다.123) 만약 의미의 항목이 인공, 미래, 청년과 같은 동위적 계열체로 구성되었다면 광고는 그 어떤 경우에도 결코 자연, 과거, 노년의 기호를 사용하지 말아야 한다. 일관성이 없기 때문이다. 이는 인지 부조화를 일으켜 광고효과에 타격을 줄 수 있다.

2) 내러티브를 구성한다. 내러티브는 흔히 스토리텔링의 경우와 비교되지만 실은 이보다 훨씬 더 넓은 의미를 지닌다. 위의 예를 들어 보면 첨단의 주제는 인공적이며 청년적이며 미래지향적이라는 세부주제를 벗어나지 않은 상태에서 스토리를 구성하게 된다. 시골에서 올라온 청년이 도시의 인공적인 모습에 감동하며 미래의 새로운 삶을 구성한다는 스토리라든가, 버전이 낮은 기계에 지친 청년들에게 다가오는 새로운 버전의 기계가 미래를 약속한다든가 하는 내러티브가 구성될 것이다. 내러티브는 인간의 역사가 보여주는 바와 같이 인류에게 지극히 보편적인 행동의 규칙이기 때문에 내러티브의 규칙을 심하게 벗어날 경우 이해되지 않는 광고가 생산된다는 것이 기호학적 광고창작의 핵심이다.124)

3) 문화적 주제와 내러티브가 형성되었다면 이제 광고표현의 세부적인 제작에 들어가게 된다. 어떤 모델을 선택할 것이며, 장소는 어디로 잡을 것이며 시대와 소도구들을 어떻게 선정할 것이며 연출의 방식을 어떻게 이끌 것인가 하는 사항이 그렇다.125) 첨단적인

---

123) Langholz & Leymore, V(1975). Hidden Myth: Structure and Symbolism in Advertising, New York:Basic Books, pp.41 – 98.
124) 헤널트(Henault, A). 기호학에로의 초대, 어문학사, pp.24 – 26.

내러티브를 지녔다면 모델이 자연친화적이라든가 농촌풍의 이미지를 지니면 안 될 것이다. 장소 또한 바닷가라든가 도시의 뒷골목으로 설정하지 말아야 할 것이다. 연출 또한 비첨단적으로 이끌면 안 될 것이다. 이와 같이 주제선정에서부터 스토리의 구성 그리고 표현의 세부 묘사에 이르기까지 기호학적 구조를 적용하게 될 경우 광고 메시지의 정체성에 문제가 생기지 않는다. 의미의 정체성은 광고크리에이션에 있어서 매우 중요한데 그 이유는 소비자는 인지의 부조화를 원치 않기 때문이다. 광고 메시지와 표현의 미적 효과는 이 인지의 문제를 소비자의 차원에서 정체성 있게 구성할 때 비로소 얻어 낼 수 있기 때문이다.126)

브랜드 전략의 하위적 전술로서 광고의 가치론적 정체성(Identity based on Cultural Values)을 주장하는 신항식은 광고 크리에이션의 관점에서 광고를 마케팅 커뮤니케이션으로부터 독자화시켜 광고생산과 해석에 관한 연구로 광고학(Science of Advertising)을 규정하고 이를 마케팅의 일반경향과 비교시킨다.127) 그는 전통적인 마케팅의 전략 속에 광고를 위치시키는 행위를 비판한다. 그에 따르면, 미국과 한국의 광고계는 광고를 전통적인 마케팅과 동일한 종류의 커뮤니케이션 대상을 지닌 것으로 인식하는 인식론적 오류를 범하고 있다고 한다. 마케팅은 물질적 대상(제품과 서비스)을 소통시키는 물질적 행위이지만 광고는 정신적 대상(기호와 이미지)을 소통시키는 정신적 행위이기 때문에 양자는 분명히 구분되어야 하며 구분의

---

125) 장마리플로쉬(Floch J－M, 1994). 조형기호학, 한길사, pp.46－49.
126) 장마리플로쉬(Floch J－M, 1994). ibid., pp.16－50.
127) 권명광 & 신항식, ibid., p.212.

방식은 인식론의 범주뿐만 아니라 실용적인 측면에서도 유지되어야
한다고 본다.128) 광고는 기호의 작업이지 제품을 직접 팔고 사는 작
업이 아니기 때문이다. 이와 같이 보았을 때, 문화이론적 기반을 지
닌 광고의 주제연구는 소비자의 라이프스타일을 참고하게 하며 광
고 표현의 연구는 매체연구와 광고표현의 모니터링을 참조한다.129)

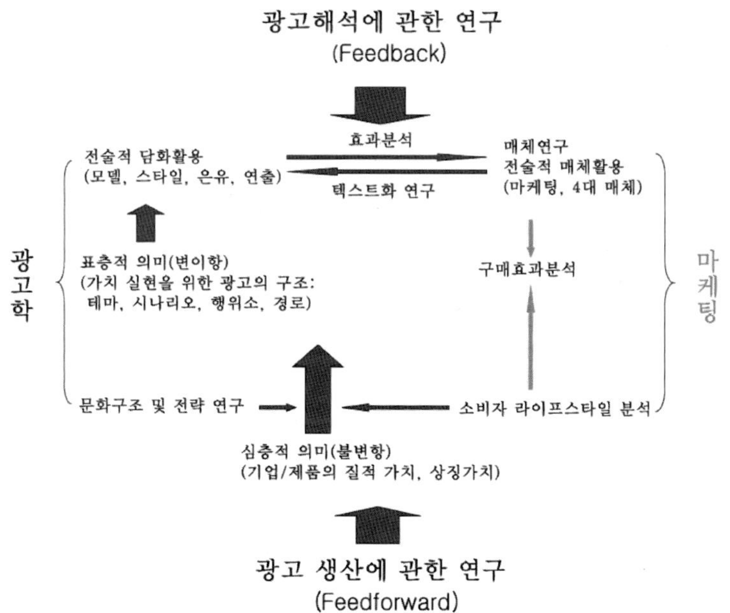

〈그림9〉 사회기호학 방법에 따른 광고해석접근 도식

---

128) 이런 이유로 신항식은 작금의 광고홍보계에서 경영 전문가라든가, 정보를 기호가
아니라 물적 대상으로 인식하는 응용사회과학자들의 인식론적 오류를 지적하고 이
들이 있어야 할 곳은 광고홍보계가 아니라 영업관리나 유통업계라고 주장한다.
129) 신항식(2005), 시각영상 기호학, 나남출판, p.117.

즉 광고를 창작하거나 해석할 때 소비자군의 라이프스타일과 광고 커뮤니케이션의 채널적 상황 그리고 광고표현의 호감도를 중복적으로 검토하면 광고의 문화적 내용과 효용적 차원이 서로 맞물리게 된다. 광고의 내재적인 구조를 분석하고 창작하기 전이나 창작이후 이를 사회, 경제, 매체론적 경향과 서로 상관적으로 이해하는 것이다. 특히 가치와 라이프스타일에 대한 연구는 광고 크리에이션의 문화적 방법론으로 직접적으로 이해하기 어려울 것이지만 가치라든가 라이프스타일이란 소비자의 생활 문화적 차원을 말하는 것이기 때문에 루만의 문화 체계이론에 잘 맞는 광고 크리에이션 방법을 제공한다고 볼 수 있다. 이렇게 함으로써 신항식은 기호학이 지녀왔던 텍스트분석 연구의 내재적인 한계를 극복할 수 있다[130]고 믿는다. 이것을 사회기호학이라 말할 수 있다. 이런 연구는 흔히 로고분석이나 드라마, TV 광고 분석과 수용자분석이나 페미니즘 연구에서 발견된다.[131]

사회기호학적 방법에 따라 광고 크리에이션 연구를 시행한 경우는 김성도[132]와 이견실[133]이 있다. 김성도는 형용사분석으로 통하여 자동차에 대한 소비자의 반응을 유형별로 이해한 다음 이를 의

---

130) 신항식(2005), ibid., p.114.
131) Mulvey, L(1975). "Visual Pleasure and Narrative Cinema", Screen, Vol. 16/3, London; J. Burger(1972), Ways of seeing, London: BBC & Penguin; Goffman, E(1979), Gender Advertisement, New York: Harpers & Law; 황지영(2004), "페미니즘 광고비평", 광고비평의 이해, 한울;
132) 김성도(2003), "자동차 광고의 의미생성에 관한 연구", 광고연구, 한국방송공사.
133) 이견실(2004), 고향광고의 의미구조에 관한 연구, 홍익대학교 일반대학원 광고홍보학과 박사논문.

미론적 구조에 따라 라이프스타일의 매핑(Mapping)을 구성한다. 이 맵에 따라 자동차 광고의 구조를 문화적으로 분석하고 이를 소비자의 라이프스타일에 상관시킨다. 예를 들어 실용주의적 경향을 지닌 소비자는 광고의 실용적 메시지에 깊게 반응할 것이고 유희주의적인 경향을 지닌 소비자는 광고의 유희적 주제와 표현에 반응할 것이다. 이렇게 되면 광고의 표현은 구조적으로 소비자 군이 지닌 사회, 문화적 내용과 서로 상관적인 경향을 지니게 되며 추후에는 광고표현의 모니터링과 추이분석도 가능해질 것이다.

이견실은 고향의 정서적 차원이 광고의 심층적인 사회 및 문화적 의미에 깊숙하게 연관한다는 가설에 따라 광고 분석을 실시한다. 30여 년간 시리즈로 만들어진 고향주제의 광고가 결국 고향과 타향, 떠남과 회귀의 의미론적 구조 안에서 구성된다는 사실을 입증하고 이를 한국의 사회 문화적인 사실과 서로 견주어 이해한다. 즉 광고의 사실과 사회문화적 사실 사이의 상동성(Homology)을 이해하는 것이다. 한편, 광고의 문화적인 차원이 광고의 대(大)주제적 구조뿐만 아니라 표현의 세부적인 차원(형상과 배경, 청각이미지와 시각 이미지, 제품의 모티브, 레이아웃 등)에까지 걸쳐 있다는 것을 드러냄으로써 광고의 메시지가 결국 문화적 차원에서 구성되고 어필되는 것이지 제품과의 직접적인 관계 속에서 구성되고 어필되는 것이 아니라는 브랜드 전략적 결론을 얻어 낸다.

기호학적 방법론은 기존 사회연구 방법의 객관지향의 경직성을 벗어나 소비자의 심층적이고 체계적인 주관의 세계를 지향한다. 더 나아가 소비자의 현상학적이고 문화구성의 차원을 내재적으로 그려

내되 외부적으로 측정되는 사회적 사실의 일반 경향을 거부하지 않는다. 그러나 기호학은 권명광과 신항식이 지적하듯이, 호수의 모습을 측량하는 '줄자'가 아니라 호수의 속 모습을 측량하는 스쿠버 다이버와 같다. 다이버는 여러 도구를 가지고 있지만 중요한 것은 도구 그 자체라기보다 다이버의 경험과 직관, 그리고 지식이다. 따라서 방법적으로 범용화되기 어려운 점이 없지 않다. "대다수의 인문사회과학이 그렇듯이 특히 기호학에 있어서, 도구들은 사용하는 기호학자가 어떠한 의미론적인 지식을 가지고 있는가에 따라 도구의 활용도는 매우 달라진다."134)는 지식사회학적 한계를 지닌다.

(3) 광고주의 제도분석(Institutional Analysis) 방법

제도분석은 조직사회의 조직 내용, 규범과 관례, 권력의 이동 등을 연구한다. 제도의 무의식이라 할 만한 것을 탐구하기 때문에 조직구성원의 행위를 예측토록 이끈다. 레비는 제도적 "관료주의의 위계질서, 미디어의 권력, 경제 그리고 국제적 네트워크는 인간의 지능, 경험, 예지, 상상력을 극히 일부분 동원하고 통괄할 뿐"135)이라고 설파하지만 인간은 조직을 벗어나 사회적인 삶을 살 수 없다. 그리고 그 영향력도 벗어날 수 없다. 조직은 인간의 의지와 계산의 자유로운 발현을 심각하게 제약하는 규칙뿐만 아니라 기대와 전통의 구조에 침윤되어 있으며, 한국과 같은 조직중심의 사회에서 제도의 영향력은

---

134) 권명광 & 신항식(2003), ibid., p.96.
135) Levy, P.(2002), ibid., p.20.

오히려 개인의 영향력보다 더욱 지대하다고 볼 수 있다.[136]

광고주와 기업문화는 광고 크리에이션에 있어서 직접적인 연관은 없어 보이지만 간접적으로 광고 크리에이션의 일원으로 자리한다. 즉 광고주와 기업은 광고의 문화적 토대와 상관적일 수 있기 때문에 소비자뿐만 아니라 광고주와 기업의 문화를 참고할 필요가 있다. 즉 광고 크리에이션에 중요한 역할을 하는 것이 광고주의 미적 혹은 태도적 선택 그리고 개별 기업이 지닌 문화적 이미지라는 점에서 광고주의 존재는 광고 크리에이션의 변인이라고 볼 수 있는 것이다. 따라서 광고주와 기업의 의식과 태도를 제도에 근거하여 이해함으로써 광고 크리에이션의 문화적 방향을 설정할 수 있을 것이다.

가장 흔하게 이용되는 제도분석방법으로는 조직의 비교분석(Comparative Methode)이 있다. 이를 일치법(Methode of Agree-ment)과 차이법(Methode of Differences)을 통해 기술한다. 일치법은 분석 대상의 결과 혹은 현상이 동일하게 나타나고 있는 동시에 오직 하나의 요인만이 모든 사례에서 공통으로 발견될 때 그 요인이 공통된 결과를 설명할 수 있는 요인이라고 판단하는 방법이고, 차이법은 어떤 결과가 특정 사례에서는 나타나고 다른 사례에서는 나타나지 않는 동시에 모든 사례가 단 한 가지 요인을 제외하고는 공통점을 보이는 경우 그 한 가지 요인이 바로 결과의 차이를 설명해 줄 수 있다고 판단하는 방법이다.[137]

---

136) 하연섭(2000), 제도분석, 다산출판사, p.19.
137) 하연섭(2000), ibid., pp.208-209.

사례 1	사례 2	사례 n
a	d	g
b	e	h
c	f	i
x(원인변수)	x(원인변수)	x(원인변수)
y(결과: 설명 대상)	y(결과: 설명 대상)	y(결과: 설명 대상)

〈그림10〉 일치법

일치법의 경우, 모든 사례에서 각기 다른 결과들(a, b, c, d, e, f, g……) 중 y의 결과가 산출되었다고 했을 때 오로지 x만이 공통적인 요인으로 나타나고 있다면 바로 x가 y의 원인이 된다. 이 경우 사례의 패러다임이 다양하면 다양할수록 그리고 설명을 할 대상이 명료하면 명료할수록 조사의 신뢰도가 높아지게 될 것이다.

발생사례	미발생사례
a	a
b	b
c	c
x가 발생함	x가 발생하지 않음
y가 발생함	y가 발생하지 않음

〈그림11〉 차이법

차이법은 y라는 결과가 어떤 사례에서는 발생하고 다른 사례에서는 발생하지 않는다는 결과를 관찰하고 두 가지의 유형사례를 비교해 본 결과, x 요인을 제외하고 나머지 현상이 같다면 바로 x가 y의 원인이라고 볼 수 있다.

일치법에서는 모든 사례에서 y라는 결과가 나타날 경우, 모든 사례에서 x라는 요인이 발견되지 않는다면 x를 y의 요인이라고 할 수 없으므로 필요조건을 주장할 수 없다. 반면 차이법에서 공통적으로 나타나는 현상은 결과 y를 설명하는 충분조건이 아니다. 따라서 비교방법은 하나의 일탈적인 사례에 의해서도 인과관계가 무너지는 결과를 초래한다.[138] 그러나 새로운 결과가 산출될 때까지는 상관성의 관계가 지속되기 때문에 추후에 교차적인 확인이 가능하다.

예를 들어, 제도의 세부적인 규칙과 기업 조직의 구조를 비교분석하여 개별 기업 조직의 행위적 결과와 서로 상관분석을 실시할 수 있다. 대기업 '삼성'의 경우, 계열사의 개별적인 조직을 내부적으로 비교분석하여 삼성의 기업조직의 일치성과 차이점을 이해하고 연이어 이를 타 대기업의 조직을 상호 교차 분석하여 삼성기업의 제도적 특성을 이해한다. 이런 특성을 삼성 직원의 대사회적 행위와 상관 지음으로써 제도 분석의 결과를 광고에 참고할 수 있다.

비교방법을 가설을 설정하는 기초단계로만 이해하는 사회과학의 관례와 달리, 제도분석의 비교방법은 소수의 사례에 의한 구체적인 분석에 초점을 맞춘다.[139] 따라서 포커스 그룹을 통한 행위자의 규

---

138) Mahoney, J.(1999), Nominal, Ordinal and Narrative Appraisal in Macrocausual Analysis, American Journal of Sociology 104(4), p.1160.
139) Skocpol, T.(1984), Vision and Methode in Historical Sociology, 1/21, Cambridge: Cambridge Univesity Press.

범을 기술할 수도 있는데 이 현상학적 방법은 앞선 제도 비교분석의 일환으로 이용할 수도 있지만 독자적인 결과를 제시할 수도 있다. 포커스 그룹연구는 연구자가 그룹의 내부 성원으로 참여하거나 최소한 상황을 설정하거나 문맥화를 통하여 광고주의 태도를 분석할 수 있도록 그룹의 내부 상황을 통제할 수 있는 입장에 있어야 한다는 단점이 있다.

(4) 역사심리학적 방법(Historical Psychology Method)

역사심리학적 분석은 비교적 장기적인 시간을 요하지만 특정 현상이나 기호를 탄생케 한 과정을 추적하고 이를 시대와 조건에 제한하여 심리학적으로 설명함[140]으로써 광고 크리에이션의 일반과정을 포괄적으로 포함한다. 한 가지의 조형적 사실 혹은 기호적 사실에 대한 현상학적 분석을 역사적 조망 속에서 이해하는 복합적인 분석이기 때문이다. 이러한 역사학적 방법은 광고표현을 이성적이나 아니면 거꾸로 생물학적으로 판단하도록 이끌지 않고 감성을 촉발시키도록 한다. 하나의 표현이 주는 역사심리학적인 차원은 마치 '어머니'나 '애인'의 표현과 이미지처럼 알기 어려워도 이끌리며 무작정 생물학적인 강제적인 반응을 불러일으키지도 않는다. 역사 심리학적 표현은 감성의 차원[141]에 있다.

---

140) 그린필드(Liah Greenfield)는 미술작품의 분석을 심리적 취향의 선택이라는 문제를 통해 역사심리적으로 접근한다. 회화마저 취향의 문제로 귀결된다면 광고에 있어서는 말할 것도 없다. Greenfield, L.(1989), Differents Worlds: A Socialogical Study of Taste, Cambridge: Cambridge Univesity Press.

언어와 이미지에 대한 역사심리학적 방법은 원래 지각의 임상심리와 인지공학, 뇌의학과 같은 현대 실험과학에 대립되는 문화적 방법이다. 지각과 인지, 뇌로 이어지는 연구의 결과들이 "지금, 당장"의 효과를 정언적으로 제시하는 단발적인 것들인 데 반하여 역사심리학적 방법은 언어와 이미지 표현의 문화적이며 장기적인 반응을 기대한다. 가시성이 높은 주홍색을 주목도의 목적하에 사용하는 기계적인 경우에 반대하여 주홍색이 지닌 역사적 내용을 서지학이나 박물학적 탐구에 근거하여 이해하여 이용하는 경우는 그 한 예라 하겠다.

즉 주홍색에 대한 임상심리학적 판단은 주홍색의 사창가적 의미, 오렌지족이나 주홍글씨의 역사심리학적 의미를 이해하지 못한다. 더욱이, 다른 색과 어울리면 주홍색은 특별히 가시적이지 못하기 때문에 표현의 문맥적인 상황을 아울러 검토하는 데에 역사 심리학적 접근은 매우 유용하다. 이미 많은 학자들이 역사심리학적인 접근을 통해 서양사회의 실생활 문화와 표현을 검토하고 이를 구조적으로 이해한 바142) 있다. 따라서 이들의 업적으로 재이용하는 것도 광고 크리에이션에 있어서 필요하다 할 것이다.

---

141) 감성이란 'motere'(라틴어: 움직이다)의 동적인 의미를 지닌다. 움직이는 정신상태로서 직관적인 동시에 이성적 판단을 동시에 끌어 오는 인간의 인식능력이다. Eaton j. & Johnson, R.(2001), 감성의 힘, 이지북, p.29

142) 특히 풍속사에 있어서 많은 결과물들이 있다. Peterson R.(1976), The production of Culture, London: Sage; E. 푹스(1988), 풍속의 역사 1-4, 까치; H. Lefebvre(1995), 현대세계의 일상성, 주류; P. Frischauer(1991), 세계풍속사 1-2, 까치; McCracken G(1996), 문화와 소비, 문예출판, Whitraw G.J(1998), 시간의 문화사, 영림카디널; Williams R(1982), Dream World: Mass Consumption in Late Nineteenth Century France, Berkerly: UCLA Press; Gage J(1993), Color and Culture, London, 1993.

역사심리학적 방법은 사회학적 방법이나 사례, 서지학 등을 통해 연구가 가능하지만 가장 간단한 방법은 동일현상의 역사적 동위성 (Homology) 분석을 통해 결과를 산출하는 것이다. 예를 들어, 하나의 현상이나 결과가 지속적으로 동일한 의미와 상관할 때 이를 동위적이라 한다. 반면 두 가지의 현상과 결과가 서로 대립되는 방식으로 의미를 지닐 때 이를 반동위적이라 한다.

동위적 표현: a   b   c   d   e······n

동위적 의미: x   x   x   x   x······x

예를 들어, <헐크>, <슈렉>, <마스크>의 인물이 초록색이며, 미국 SF 드라마 <V>에 나오는 외계인도 초록색일 경우, 먼저 이 표현들의 공통적인 의미를 찾는다. 그것은 괴물 혹은 초월적 힘을 가진 존재라는 것이다.

동위적 표현: 헐크,   슈렉,   마스크,   V,   =   초록색

동위적 의미: 괴물/초월   괴물   초월   외계/초월   =   괴물/초월

초록은 자연적인 색인 반면 괴물이나 초월적 존재는 반자연적인 존재다. 따라서 초록색이 지닌 "자연으로부터 파생된 괴물 혹은 비정상적인 존재"라는 역사심리학적 내용을 얻어 낼 수 있다. 자연의 것이지만 사람과 친하기 어려운 파충류의 색이 초록색이라는 점에서 역사심리학적 표현의 증거는 계속 확보될 것이다.[143]

역사심리학적 방법을 광고 크리에이션에 적용하면, 하나의 사물 (a)이 하나의 결과(R)를 이루어 낼 수 있도록 또 다른 사물(b)과 맺는 표현과 내용의 역동적인 관계를 먼저 생각하게 한다. 예를 들면, "운동"의 효과(R)를 산출하기 위해 자동차의 부품(a)을 유선형(b)으로 만들거나 유선형의 부품에 속도를 낼 수 있는 화살모양(b)의 부품을 결합하는 일이라든가, "인간"을 강조(R)하기 위해 광고 속에 어린아이(a)를 등장시켜 눈물짓게 하는 일(b)이다. 운동은 움직이는 화살표와 역사심리학적으로 결부되며 인간은 어린아이로부터 유추되는 원초적인 인간성을 역사심리학적 근거로 지닌다. 역사심리학은 인간이 짐승과 대비되며, 동물은 식물과, 남자와 여자가, 땅과 하늘이, 높음과 낮음이, 넓음과 좁음이 서로 대비된다는 동서양을 통틀어 공리라 할 논리관계에 머물지 않는다. 예를 들면, "외국인이면 영어 잘하시겠네요."와 같은 한국인의 언술에는 외국인＝영어, 비외국인＝영어 못 함의 논리구조가 들어가 있다. 그러나 역사심리학은 영어와 외국인의 관계가 어떤 심리적 근거를 지니는가를 역사적으로 탐구하는 것이다. 전화를 하는 흉내도 그렇다. 10년 전만 해도 주먹을 쥐어 귀에다 가져다 대었지만 현재 한국인들은 엄지와 새끼 손가락을 펴서 전화모양의 흉내를 내는 데 여기에는 역사심리학적 근거가 있다. 주먹을 쥐어 전화기를 잡는다는 가상적 혹은 상호 작용적인 심리가, 있는 물건을 그대로 흉내 내는 도상적 혹은 분석적 심리에 의해 무너진 경우다.

---

143) 신항식(2005), ibid., pp.133 - 134.

이와 같이 특정 사회 속에서 벌어지는 인간의 상호 작용과 기호교환의 심리적인 차원을 역사적인 조망에 넣어 다시금 이해하면 광고 크리에이션의 기획단계에서부터 세부적인 표현의 단계에 이르기까지 일관성 있는 제작방향을 지니게 할 수 있다.

(5) 정신분석학적 방법(Psychanalyse methode)

정신분석학에서 이해하는 광고 크리에이션의 단계는 심층 심리적 단계와 문화적 단계로 구분된다. 이를 종합하면 광고 크리에이션과 소비자의 아우토포에시스를 정신분석학적으로 접근할 수 있다. 인간은 누구나 심리적 기제와 문화적 기제 사이를 오가는 존재이기 때문에 심리에 대한 분석을 필요로 한다.

정신분석학을 어린이 발달 단계에 맞추어 이해하는 피아제(Jean Piaget)는 지각 초기의 생성과 그 반응단계로부터 출발하는 인간이 지각으로부터 본격적으로 인지의 과정이 분리되는 대표적인 시기를 전 조작적 시기(2살)로 이해한다. 지각과 인지 사이에 어떠한 경험의 존재가 끼어들기 때문이다. 지각된 것에 어떠한 인지가 덧붙으면 그것은 경험된 것이 상기된 것이므로 이는 주관의 직관적 과정을 거칠 수밖에 없다. 여기에 형식적 조작은 존재하지 않는다. 형식적인 조작을 위해서는 유치원 혹은 초등학교의 교육을 거치게 된다. 어린이로부터 성인이 되는 단계는 열두 살에서 열네 살 사이에 일반적으로 사춘기 시기로서 형식적 조작시기이다. 이 시기에 사유는

추상적 작업에서도 기능을 실행할 수 있다. 가설을 설정하기도 하고, 그 가정을 증명하기도 한다.[144]

라캉(Jacques Lacan)에 따르면 무의식은 어떤 물체와 달리 자신이 그 속에 들어 있으면서 이중화(표면과 심층)를 구체적으로 느끼고 지각하는 존재이다.[145] 무의식은 자아의 변화과정에 일종의 통일성을 부여하는 단위이다. 이런 통일성의 존재를 변화하는 존재와 혼동해 왔던 기존의 과학에 대하여 정신분석학은 인격의 내재적 성질을 다루면서 그 안에 주체가 알지 못하는 영역으로 무의식을 제시한 것[146]이다. 그렇다면 인간의 지각과 인지는 무의식적 방향에 의하여 조종당한다고 볼 수 있다. 이는 동일시 현상의 예로 설명할 수 있다. 어린아이나 수동적 소비자가 제품의 역할을 동일시한다든가, 스타와 동일시하는 경우가 그렇다. 이런 동일시의 근거가 인간의 욕망이다. 나지오는 무의식의 존재가 부단히 활동하다가 실수로 스스로의 에너지를 표출해 버린 것을 표현으로 보고 이에 대한 반정기재로서 프로이트의 욕망을 내세운다.

---

144) SILLAMY Norbert, *Dictionnaire de la Psychologie*, Larousse, 1971(1967), p.284. http://www.masilga.co.kr/philosophy(번역본)
145) D. 에반스(1998), 라캉 정신분석 사전, 인간사랑, p.45.
146) D. 에반스(1998), ibid. pp.126 - 129.

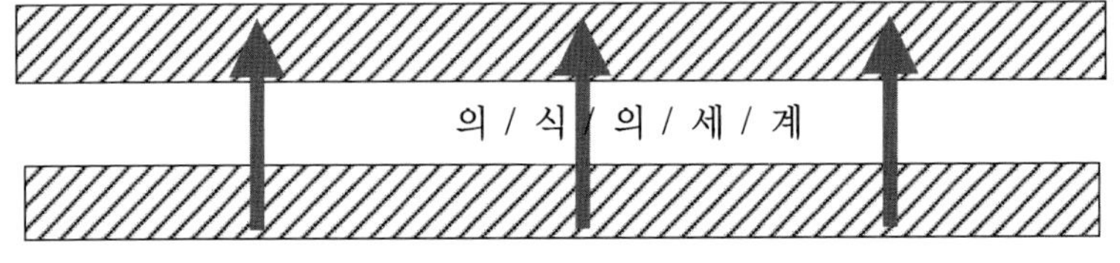

〈그림12〉 정신분석에 의한 지각과 인지

정신분석학 이론에 따르면 인간의 지각과 인지는 인간이 무의식 - 전의식 - 의식 - 표현의 형식화 과정을 통해 자신의 지식과 판단 그리고 선호를 이루어지기 위한 수동적인 전제를 이룬다.147) 한편, 라캉은 모든 인간에게 인간의 의식에는 분열이 있다고 인정하였다. 분열의 한쪽에 상징이 있다는 것을 말하였다. 따라서 상징을 이해하는 것은 인간이 지각하고 인지하는 모든 것을 이해하는 것이 된다. 한편, 라캉은 지식과 기억의 존재를 무의식의 레퍼토리로 이해함으로써 무의식이란 것이 실은 무정형의 무엇이 아니라 인간이 지각하고 인지하는 일종의 방향을 지정해 주는 존재로 이해한다. 이렇게 해서 "지각과 인지의 어떤 통일성을 지식과 기억의 축적된 지평에 찾으려는 것"148)이다.

이는 다른 한편, 지각과 인지 그리고 사유의 연결은 곧 시간과

---

147) Freud, S.(1997), 꿈의 해석, 열린책들; M. 보든, 피아제, 시공사.
148) 나지오(2000), 자크 라캉 이론에 대한 다섯 가지 강의, 교문사, p.68.

어떤 지성의 통일성에 의해 이루어진다는 이론은 정신분석에 있어
무의식이 지닌 자아의 통일성을 향한 조정역할을 상기시킨다. 이것
이 집단적인 무의식이란 것이다. 개인의 자아발달과정에서 집합적인
무의식은 남성과 여성 그리고 인종적 속성을 자연스럽게 드러내게
된다. 광고 크리에이션이 주목할 것은 집단 무의식이 드러내는 상징
적 표현이다.

광고에 있어서 상징적인 표현이 소비자의 집단적인 무의식을 드
러내는가에 대한 명확한 실증의 사실은 없다. 그러나 정신분석학에
서의 무의식의 개념은 항상 표현의 심층적인 차원을 건너보게 한다
는 점에서 광고 표현의 기저의식을 염두에 두게 한다. 예를 들어,
어두움이 지닌 정신분석적인 차원은 어린아이 시절 유발된 '자아'의
존재를 '내'가 파악하는 존재의 고독을 상징한다. 이 고독의 존재는
소비자가 지닌 극복에로의 욕망을 자극할 수 있다. 따라서 어두움
속의 자그마한 빛줄기가 있다면 이것이 지각과 인지의 작용을 불러
일으키게 되는 것이다. 이와 같이 무의식적 의미를 지닌 기호와 이
를 동화 혹은 극복하거나 반항하려는 욕망 사이에서 광고 크리에이
션이 구성될 수 있다.

주류광고의 경우 성적 상징의 표현이 많다. 이 경우, 성적 본능으
로부터 벗어나지 못한 어린아이 시절의 욕망이 소비자로 하여금 술
이라는 액체적 매체를 통해 등장한다고 해석할 수 있다.[149) 이런
이유로 비정상적인 물로서 술이 성적 해방과 연관을 맺는 것이다.
상징적 표현에 따라 욕망을 동일시하고 제어하고자 하는 경우는 표

---

149) 프로이트(Freud, S.1996), 성욕에 관한 세 편의 에세이, 열린책들.

현으로의 긍정과 부정 혹은 해방과 억압의 축 사이에서 움직인다. "아버지는 말하셨지 인생을 즐겨라……"로 시작되는 TV 광고의 경우, 아버지의 억압으로부터 해방되는 아들의 쾌락이 그대로 반영되어 있다. 이는 소비자로 하여금 동일시를 유도하는 듯하지만 실은 소비자 누구나 지니고 있었을 만한 아버지에 대한 반항을 표현하며 그 반항의 무의식이 "아버지는 즐기라고 말한다."는 새로운 대안으로서의 아버지 적 상징을 만들어 내는 것이다.

정신분석학은 소비자의 심층적인 억압의 무의식을 탐색함으로써 그로부터 해방의 규칙을 만들어 내었다. 광고 크리에이션에 있어서 참고할 수 있는 것은 이런 억압의 의식과 그로부터 해방되려는 상징작용의 관계이다. 이 관계는 대다수 갈등적이다. 화해하기 어려운 것이다. 따라서 흔히 동일시라든가, 스타모델 광고와 같은 수동적 광고 크리에이션은 정신분석학적 차원에서 보았을 때 거울의 단계, 즉 가장 천진난만한 단계를 다루고 있다. 상징의 역할이 모방의 역할에 머무를 뿐 극복이나 부정의 역할을 하지 않는다. 그러나 소비자는 이제 성인이며 성인은 의식과 무의식의 대립관계를 잘 이해하는 존재라는 점에서 보다 더 발전된 상징작용으로서의 광고표현을 요구한다 할 것이다.

3) 향후 연구문제의 방향

앞서 문화이론에 근거한 광고의 사례와 문화이론에 근거한 광고 크리에이션의 연구방법을 선택적으로 제시해 보았다. 원칙적으로 사레나 연구방법은 어떤 방식으로든 발견될 수 있고 변형되어 재사용할 수 있을 것이다. 그러나 문화적 토대에 근거한 혹은 소비자의 상상력에 근거한 아우토포에시스적 광고 크리에이션은 논리실증적인 태도로부터 어느 정도 거리를 두어야 한다는 요구를 벗어날 수 없다. 논리 실증주의는 현실적 증거에 대한 특정개념을 기반으로 하기 때문에 기호나 미감 혹은 감수성의 연구에 명확한 한계를 지니기 때문이다. 특히, 광고 크리에이션이라는 영역에 있어서 현실은 선형적이며, 원인과 결과가 동질의 성향을 지니며, 반복되는 일정한 불변의 원인이 있으며, 우연은 불가능하다는 전제가 주어지는 한 창조적 연구는 매우 어렵다[150]고 할 것이다. 특히 오늘날 상징적 작용이 무한하게 벌어지는 다중매체와 가상성의 상황에서는 극복의 대안이 더욱 절실하다 할 것이다.

다른 한편, 창조적 연구를 뒷받침하는 문화이론적 연구는 과연 지속 가능한 틀을 가지고 있는가에 대한 질문이 있어야 할 것이다. 흔히 해석학적 차원에서 광고를 분석하고 실행함으로써 광고제작의 사후관리가 부실한 경우가 많다. 물론 앞서 말했듯이, 광고 크리에이션을 어떤 방식으로든 관리한다는 것은 어불성설이라고 말하는 이들도 있을 것이다. 그러나 축적되지 못하는 연구 성과는 원칙적으로 무가치하다고 말할 수 있다. 문화적 차원은 오늘날 세계화의 경

---

150) 신항식(2004), ibid., pp.124-132. 광고 크리에이션과 디자인에 있어서 경험적 연구의 부정적 관계에 대한 견해는 Hirshhorn L.(1986), Beyond Mechanization, Cambridge: MIT Press; Deming, W. E.(2000) Out of Crisis, Cambridge: MIT Press; Chermyerff, I(2003), Designing, New York:Graphic Inc 참조.

향과도 화해가 필요하다. 그렇다고 해서 레이아웃의 원리라든가, '효과가 입증된 카피와 비주얼'이라는 슬로건에 휩쓸려 광고 크리에 이션의 영역을 축소할 수는 없다. 이를 위하여 연구해 보아야 할 광고 크리에이션의 문화적 차원의 대상은 실로 방대하다 할 것이다.

이러한 전제하에 광고의 문화적 차원에 대한 연구문제로서 1) 문화적 차원에 대한 의미론적 한계를 어떻게 규정할 것인가, 2) 한계를 규정할 수 있다면 광고 표현의 소비자적 아우토포에시스를 어떻게 관리할 수 있는가, 3) 세계화와 문화의 문제는 어떻게 관계 지을 것인가, 4) 기존의 광고 연구의 제반 방법들과 어떤 관계를 유지할 것인가 하는 것이 있을 수 있다.

먼저 문화적 차원의 의미론적 한계에 대한 논의는 지나치게 갈등적인 상황에 처해 있다 할 것이다. 문화를 어떻게 규정할 것인가의 문제에 걸려 있기 때문이다. 광고학계와 업계에서 '광고와 문화'라고 말할 때 얻을 수 있는 '문화'의 매체적 차원(TV, 드라마, 영화, 미술 등)은 실제 문화이론적 논의에서 말하는 문화로 보면 빙산의 일각일 뿐이다. 문화는 이미 20세기 초, 문명, 생활, 역사, 정치 및 경제 조직의 모든 차원까지 침투해 들어와 그것들의 '양식'(Ways)의 문제로 전환되었다.[151] 따라서 문화에 대한 심층적인 연구가 광고 크리에이션의 연구와 유사한 이상, 이에 대한 통합적인 연구가

---

151) 엘리아스(Elias, N. 1996), 문명화과정, 한길사.

진행될 필요가 있다고 보아야 할 것이다.

둘째의 문제는 소비자적 아우토포에시스를 말하기 이전에 광고를 어떤 방식으로 소비자와 관계 지을 것인가의 질문을 유발한다. 일반 마케팅의 광고전략은 마케팅의 방법과 광고 크리에이션의 방법을 혼동하여 이해하는 경향이 있다. 물론, 광고가 일반적인 마케팅의 하위 분야로 존재하는 한, 광고는 결코 마케팅의 보편 가치인 이익 산출과 이를 위한 효용성의 목적으로 벗어날 수 없다. 그러나 문제는 이 이익산출과 효용성의 문제를 어떤 방식으로 소비자와 관계 지어야 할 것인지에 있는 것이다. 이 문제는 앞서 권명광과 신항식이 질문하듯이 '이익을 위하여 광고를 만들면 이익이 나오는가?' 혹은 '판매를 위하여 디자인하면 판매가 되는가?' 하는 직접성과 간접성의 문제로 귀결한다. 광고 크리에이션에 있어서 직접적인 효용성은 창조적 발상을 제거해 버린다. 그러나 효용성을 생각하지 않는 광고는 존재가치가 없다. 이 두 문제에 대한 해결은 소비자의 문화적 아우토포에시스를 광고 제작가가 공유함으로써 자연스럽게 가능해질 것이다. 이를 위하여 광고 크리에이션의 관리적 문제는 이내 소비자의 문화 분석이라는 수용자 연구에 집중하게 된다. 따라서 수용자의 연구는 광고 크리에이션에 있어서도 매우 중요한 연구가 된다는 점을 이해할 수 있을 것이다.

셋째의 문제는 문화이론적 광고 크리에이션으로 하여금 매우 복잡한 상황에 처하게 한다. 문화는 세계화와 대립적이기 때문이다. 루만이 앞서 제시했고 이에 대한 사례적 광고와 연구방법이 보여주듯이, 세계화에 적합한 문화적 광고는 지역적 특성을 강조하는 방법 이외의 다른 차원을 찾기는 힘들다. 물론, 정신분석학적 방법이나 역사심리학적 접근을 통하여 어느 정도 세계화된 광고의 차원을 획득할지는 모르나 이는 장기적으로 보장되기 어렵다 할 것이다. 실은 문화이론적 광고이거나 다른 차원의 광고이거나 간에 이는 모든 광고 크리에이션의 문제라 할 것이다.

이를 위해서는 광고가 세계화되는 제품, 유통, 가격, 속성의 일반 조건을 먼저 조사, 탐구하고 제품이나 기업의 문화적 가치를 먼저 탐색하는 것이 순서일 것이다. 따라서 세계화 시대의 문화이론적 광고라 한다면 세계 공통사적인 주제나 표현에 매달리기보다는 제품과 기업 자체가 지닌 세계적 혹은 지역적 특성을 강조하는 것이 타당할 것이다. 이에 대한 연구는 제품과 기업의 문화 가치론적 조사와 시장의 소비자 현황에 대한 조사 사이에서 중복적으로 결정될 것이다.

네 번째, 기존의 광고 연구의 제반 방법들과 문화이론적 광고가 어떤 관계를 유지할 것인가 하는 문제이다. 이는 새로운 문제가 아니라 문화적 차원과 관리적 차원의 협동적 개념에서 이해되는 전통적인 문제라 할 것이다. 마케팅을 중심으로 한 기존의 다양한 광고 연구방법과 소비자의 아우토포에시스를 중심으로 한 문화적 체계에 대한 연구는 질적 연구방법과 양적 연구방법의 관계를 상기시키는 듯하지만, 실은 광고 크리에이션에 있어서 방법론이 서로 보완적이라고 이해할 수 있다. 앞서 이해했듯이, 광고 크리에이션은 사회과

학의 전통적인 방법의 주류에 들어가 있는 것이 아니다. 어떤 방법
이든 광고와 광고표현의 창작에 이로운 방향으로 방법들이 접근되
어야 할 것이다. 앞선 김성도와 이견실의 연구가 그런 것이라 이해
할 수 있으며 향후에 있어서도 방법의 교차지점에서 효용성 있는
연구결과가 나오리라는 점을 지적하고자 한다.

제5장

결론:
인지 – 커뮤니케이션 – 문화의 상호적 전제에
따른 지각과 인지의 재해석

광고를 기획하고 제작할 때 많이 사용하는 용어 중의 하나가 크리에이티브 전략이다. 그러나 크리에이티브 전략에 대해서 정확한 정의가 내려진 것은 없으며 많은 학자와 실무자들이 나름대로의 정의를 내리고 있다. 그 가운데 '광고전략을 메시지와 시각적으로 어떻게 표현하는가에 대한 계획'으로 정의할 수 있다. 광고전략이 마케팅 전략의 하위구조라면, 크리에이티브 전략은 광고전략의 하부구조를 형성한다. 광고전략에서는 주로 목표, 위상정립(Positioning) 등을 다루는 데 비해, 크리에이티브 전략은 광고가 나타내고자 하는 메시지 자체에 초점을 맞추고 있다. 이러한 크리에이티브 전략은 전체 광고전략이 창의적으로 표현되는 매우 중요한 과정이라 할 수 있다. 만약 부적합한 접근법을 사용하거나 중요하지 않은 속성을 소구한다면, 매체나 아이디어가 아무리 뛰어나다 해도 크리에이티브 전략은 실패할 것이 틀림없으며 결국에는 광고캠페인이 실패하고 말 것이다. 따라서 광고전략 과정은 마지막의 광고 표현에서 성공 여부가 판가름된다고 보아야 한다. 짧은 순간의 임팩트의 정도는 모든 광고 과정을 한순간에 결정하는 순간적인 판단의 결과라고 볼 수 있겠다.

광고표현의 배치 및 분위기[152)가 '소비자'에게 일방적인 설득을

위한 전략적인 개념에 의한 제작방식이라면 먼저 살펴보아야 할 것
은 전략의 개념이다. 지금까지 광고 전략의 개념은 콘셉트로부터 출
발하여 시장조사를 하고 광고 크리에이터의 기예를 발휘하는 수순
으로 이루어져 왔다.

여기서 콘셉트는 오늘날 소구를 통해 구현되며 광고에서의 소구
는 소비자의 필요나 욕구를 브랜드와 연결시키는 역할을 의미한다.
소구 양식의 분류는 이성적 소구와 감성적 소구에 기초할 수 있다.
이성적 소구는 상품의 성능이나 속성, 문제 해결 능력에 기초하여
상품을 판매하려는 시도이다. 반면에 감성적인 소구는 소비자가 상
품을 소유하거나 소비하면서 발생하는 느낌에 기초하여 상품을 판
매한다. 그렇지만 이성적(생각) 또는 감성적(느낌)으로 대별하는 것
은 지나친 단순화의 오류를 범하기 쉽다. 모든 광고는 감성적 요소
를 포함하기 때문이다. 즉 어떠한 형태의 커뮤니케이션에도 감성적
반응은 야기할 수 있다. 아무리 이성적인 광고라 할지라도 소비자는
어떤 느낌을 받을 수 있다는 뜻이다. 반면에 감성적인 광고에서 소
비자는 느낌이 생성되지만 인지적 작용은 일어나지 않을 수 있다.
이것은 이미 이성과 감성이 동시에 빠진다는 점과 동일하다는 의미
를 지니고 있다. 따라서 동일한 전략적인 접근도 주체의 문화적인
정체성 혹은 이데올로기에서 전혀 다른 차원의 광고소구가 나타남
을 쉽게 이해할 수 있는 것이다. 이처럼 이성과 감성에 대한 개념

---

152) 장 보드리야르는 '사물의 체계'를 통해 사물의 '배치와 분위기'에 대한 구조를 언급
　　　한 바 있다. 자료출처, 장 보드리야르, 배영달 옮김, '사물의 체계' 백의, 2000,
　　　pp.25 - 95.

이 어떻게 보면 연속선상에 있는 개념으로 파악될 수도 있어서 명확한 구분이 어렵다. 단지 이성적 혹은 감성적 측면의 강조라는 차원으로서 구분될 뿐이다. 지각과 인지의 차원도 이와 같다.

본 연구가 살펴본 지각과 인지의 인지과학적 접근이 광고에 주어 왔던 참고사항은 단지 생물학의 기초조건과 경험 과학적 자료에 근거한 현상적 인식론일 뿐이다. 광고를 지나치게 경제학적 기준에 근거하여 이해하려다 보니 강요적이거나 단기적인 것에 관심이 집중된 것이다. 이렇게 함으로써 광고는 스스로 인간의 미적 차원(행동의 조화, 윤리의 갈등, 질투, 욕망, 신체, 정신성 등)을 반영하는 문화라는 것을 종종 간과한 것이다. 근자에 유행하는 신경 심리학과 인지과학은 이 사실을 더욱 간과하고 있다. 창조적 차원은 사라져 가는 것인가.

인간의 뇌와 육체는 개인이 일차적으로 끌려가는 수동적인 지각과 인지, 이성과 감성의 저장고이지만, 한편으로는 인간과 사회로부터 물려받은 산물이라는 점에서 공동체의 것이며 변화 가능한 것이다. 뇌와 육체는 사람들이 정보를 교환하고 믿음을 서로 나누어 가지게 하는 물질적 토대이지만 이는 순전히 토대에 의한 규칙만을 지니기 때문에 체험과 행동에 의해 현장에서 활발하게 실행되지 못하면 단순한 잠재적인 상태로만 존재한다. 개인의 체험과 행동의 총합은 결국 뇌와 육체에게 생명을 주어 이를 진화시키는 것이다.

이런 이유로 광고와 광고 크리에이터, 광고 및 제품과 소비자 사이에서 벌어지는 지각과 인지의 과정을 구성적인 입장에서 볼 필요가 있다. 지각과 인지가 소비자의 생물학적 조건에 문화적 체계가 중복되어 나타나는 현상이라면 광고 크리에이터 또한 광고, 제품, 소비자를 동일한 위치에서 체험하고 활동할 수 있다. 여기서 광고 크리에이터의 지각과 인지는 수동적인 차원이 아니라 생활세계의 능동적 차원을 구현한다. 비트겐슈타인은 말 표현이 지닌 게임의 규칙은 삶의 방식으로부터 벗어날 수 없다고 끊임없이 주장했다. 표현의 규칙은 구어적인 형태뿐만 아니라 광고실천에 있어서도 마찬가지로 존재한다. 대화 활동과 광고생산은 행하는 방법에 의존하는 말하는 방법과 보는 방법을 구성한다. 삶의 방식은 광고와 표현의 규칙에게 소비자가 앞으로 행동해 나갈 근거를 보장해 준다. 즉 삶의 방식은 광고의 지각과 인지뿐만이 아니라 인간들 사이의 관계를 규정하는 방향과 굴성에 뿌리를 두도록 이끈다.

처음부터 자연을 모방하려 했던 서구의 표현작업(말, 그림, 영상, 광고 등)은 고정된 재현의 형식이 되고자 했고 그에 적당한 형식으로 남았다. 사실주의적 그림이거나 사실에 잘 맞도록 구성된 것들이 모델에 명확하게 유사한 카피가 되고자 한 것이다. 따라서 이런 리얼리즘은 선택된 재현물의 규칙에 그림이 '현재' 얼마나 친근한가에 따라 대상을 평가[153]한다. 이 리얼리즘의 모든 이데올로기는 평소 생활태도에 각인된 지각의 방식에 의존한다. 이것이 보는 방식, 즉 시각(관점의 방식: Form of Seeing)이라 부르는 것이다. 사진의 발명, 이미지 처리의 급작스런 발전, 영화, TV, 디지털 정보는 모두 이런 시각의 관행적인 성격을 드러낸다. 생물학, 인지과학, 경험과

---

153) 굿맨(N. Goodman. 1999), 예술의 언어, 미진사.

학 등 광고와 연관된 지식체계가 이와 같은 동일성의 철학에 근거하여 만들어졌다.

그런데 이런 동일성의 철학에 근거하여 만들어진 광고가 진정 성공적이었는가. 결코 그렇지 않다. 이들은 단지 오늘날 벌어지고 있는 새로운 말의 규칙과 새로운 삶의 방식을 그들 나름대로 드러낸 것이다. 광고표현의 진보는 보는 방식이 삶의 방식과 함께 어우러져 이내 새롭게 표현됨으로써만이 그 의미를 지닌다. 그래야 표현이 세계에 대한 진정한 진술이 되는 것이다. 광고가 삶의 방식에 비밀스럽게 연관하지 않는 이상, 그것은 텅 비어 공허하며 단기적으로 소비를 유발하고 바로 떠나버리는 또 하나의 소비재가 되어 버린다. 물론 광고는 소비재이다. 그러나 광고가 소비재라고 해서 이를 소비재로 인식하지 말아야 한다는 사실을 본 연구는 제안하는 것이다. 사람이 먹고 살아야 한다고만 믿으면 다른 활동은 할 수조차 없다. 이와 마찬가지로 광고는 소비재로서 자신을 규정하고 끝을 내면 소비재로서 역할을 다하였다고 쉽게 판단해서는 안 되는 그 무엇이 늘 남아 있는 것이다.

비트겐슈타인은 "취향에 대하여 당신이 알고 있는 바를 써 보라. 당신은 문화라고 적을 것이다."라고 말한다. 개인적인 지각과 인지 그리고 "선호라는 것은 실은 시대와 계층의 문화가 개인에게 규정한 친근한 레퍼토리들이다. 이런 이유로 광고인이 들어가야 할 곳은 개인의 의식이 아니라 문화의 항목 속이다."154) 광고표현의 지각과

---

154) 신항식, ibid., 2004b.

인지의 문제는 이와 같이 문화적 체계에 근거하여 이해가 가능하며 동시에 효과적인 소비재로서의 역할을 할 수 있다. 광고의 의미는 공유된 것이며 그것이 소비자와 함께 살아가는 생활세계 속에 존재하기 때문에 이에 대한 반응시간만을 짧게 하려고 노력한다면 광고는 지각적으로도 공유 가능하다. 이는 또한 시간을 사물이 아니라 지각과 인지 이해과정의 에너지로서 이해함으로써 가능한 것이다.

참고문헌

국내논저(번역서 포함)

▶ 굿맨(N. Goodman. 1999), 예술의 언어, 미진사.
▶ 그레마스(2002), 김성도 역, 의미에 관하여, 인간사랑.
▶ 김경희(2000), 게슈탈트 심리학, 학지사, pp.52 – 74.
▶ 김성도(2003), "자동차 광고의 의미생성에 관한 연구", 광고연구, 한국방송공사.
▶ 김성재(2001), 체계이론과 커뮤니케이션, 커뮤니케이션, pp.51 – 66.
▶ 김용선(2002), 감성지수와 이성, 민중출판사.
▶ 김윤석(1997), 감성지수와 이성, 민중출판사.
▶ 김재현 외(2001), 하버마스의 사상, 나남출판.
▶ 김치수(2002) 외 3인, 현대 기호학의 발전, 서울대 출판부, pp.16 – 34.
▶ 권명광, 신항식(2004), 광고커뮤니케이션과 기호학, 문학과 경계사, pp.68 – 120.
▶ 커닝햄(Cunnigham, S.1995), 언어와 현상학, 철학과 현실사, p.53.
▶ 나지오(2000), 자크 라캉 이론에 대한 다섯 가지 강의, 교문사, p.68.
▶ 칼슨(N. 1998), 생리심리학의 기초, 시그마 프레스.
▶ 라마다리레이(1999), 유진형 옮김, 광고표현의 과학화, 한언.
▶ 로버트C, 홀럽(1999), 최상규 역, 수용미학의 이론, 예림기획, pp.120 – 122.
▶ 레비(Levy), P.(2002) 집단지성, 문학과 지성사, p.34, p.145.

▸ 레슬리 화이트(2002), 이문웅 역, 문화과학, 아카넷.

▸ 루돌프 아른하임(1995), 김재은 역, 예술심리학, 이화여대출판부.

▸ 리처드 M. 자너(1993), 최경호 역, 신체의현상학, 인간사랑, p.206.

▸ 마샬 맥루안(2003), 임상원 역, 구텐베르크의 은하계, 커뮤니케이션.

▸ 메를로퐁티(2003), 류의근 옮김, 지각의현상학, 문학과 지성사, p.90.

▸ 미셸 푸코(1990), 신경자 역, 성의 역사 제2권, 나남.

▸ 바렐라. 톰슨. 로쉬(1997), 석봉래 역, 인지과학의 철학적 이해, 옥토,
      p.126.

▸ 박일우(1993), 글과 그림, 한국현상학회.

▸ 박영원(2002), 디자인기호학, 청주대학교 출판부.

▸ 박영원(2003), '기호학적 접근을 통한 광고디자인 이미지 분석에 관
      한 연구', 광고학 연구, 14권 5호.

▸ 박정순(1997), 대중매체의 기호학, 나남출판.

▸ 박종호 외(1990), 철학대사전, 동녘, p.504, pp.1073 - 1085.

▸ 보든(M. 1999), 피아제, 시공사.

▸ 브로노프스키(J. 1983), 서양의 지적 전통, 홍성사, p.315.

▸ 빌헬름(1997), 신상희 옮김, 하이데거의 존재와 시간, 한길사.

▸ 사하키안(W. 1989), 서양 철학사, 문예출판사, pp.193 - 200, pp.285
      - 291.

▸ 소두영(1996), 기호학, 인간사랑.

▸ 송효섭(1996), 문화기호학, 아르케.

▸ 신항식(2004), 시각영상 커뮤니케이션: 시각영상 세미나 1, 나남출판,
      pp.70 - 117.

▸ 신항식(2004b), "영상기호학 자료", 홍익대학교 영상학과 박사과정.

▸ 신항식(2005), 시각영상 기호학: 시각영상 세미나 2, 나남출판.

▸ 아론 걸 비치(1994), 최경호 옮김, 의식의 장, 인간사랑.

▸ 애드문트 후설(1997), 최경호 옮김, 순수현상학과 현상학적 철학의 이념들, 문학과지성사.

▸ 에반스(D. 1998), 라캉 정신분석 사전, 인간사랑, pp.126 – 129.

▸ 앤드류 에드거(2003), 박영진 옮김, 문화이론사전, 한나래, pp.377 – 389.

▸ 앨런 뉴엘(2002), 차경호 옮김, 통합인지이론, 아카넷, pp.40 – 50.

▸ 엘리아스(Elias, N. 1996), 문명화과정, 한길사.

▸ 엘리어트 허스트(1994), 원호택 외 옮김, 현대심리학사, 교육과학사.

▸ 오세철(1979), 문화와 사회심리이론, 박영사, p.28.

▸ 월터 카우프만, 김태경 옮김(1985), 헤겔, 한길사.

▸ 요하네스 피셜, 백승균 편역(1988), 생철학, 서광사, p.84.

▸ 유재천 외(2001), 매스미디어조사방법론, 나남 출판.

▸ 유평근 & 진형준(2002), 이미지, 살림, p.14.

▸ 이강수(1985), 매스커뮤니케이션사회학, 나남.

▸ 이견실(2004), 고향광고의 의미구조에 관한 연구, 홍익대학교 일반 대학원 광고홍보학과 박사논문.

▸ 이두희(2004), 광고론, 박영사, pp.169 – 171.

▸ 이명천(1990), 광고전략모델의 이론적인 타당성과 적용 가능성에 관한 연구, 광고학회.

▸ 이부영(1999), 분석심리학: C. G. Jung의 인간심성론, 일조각.

▸ 이상빈, 리대용(2000), 마케팅. 광고척도핸드북, 학지사.

▸ 이정민 외(2002), 서울대인지과학연구소, 인지과학, 태학사, p.402.

▸ 이정모 지음(2001), 인지심리학, 아카넷, 대우학술총서, pp.383 – 391.

▸ 임영호 편역(1996), 스튜어트 홀의 문화이론, 한나래, p.193.

▶ 장마리 플로쉬(Floch J. M, 1994). 조형기호학, 한길사, pp.16 – 50.

▶ 장 보드리야르(2003), 하태완 옮김, 시뮬라시옹, 민음사.

▶ 장 보드리야르(2000), 배영달 옮김, 사물의 체계, 백의, pp.100 – 109.

▶ 장춘익 외(2001), 하버마스의 사상, 나남출판.

▶ 전기순(2005), 광고표현의 '임팩트 성'에 관한 연구, 한국디자인학회 (겨울호), pp.268 – 280.

▶ 전동렬(1995), '수용이론과 해체이론'에 있어서의 미확정성, 한국 독 어독문학회 36권, 4호/통권58집.

▶ 조병량(1991), 한국 광고크리에이터의 특색에 관한 탐색적 고찰, 광 고학 연구.

▶ 조나단 밀러(1997), 이종인 옮김, 맥루안, 시공사.

▶ 조지 디키(1995), 오병남 역, 현대미학, 서광사.

▶ 존 에클스(1998), 박찬용 옮김, 뇌의 진화, 대우학술총서, pp.186 – 203.

▶ 지상현(2005), 뇌, 아름다움을 말하다, 해나무, p.238.

▶ 최상진(2001) 외, 동양심리학, 지식산업사.

▶ 최재성(2003), 루만의 체계이론과 교육학적인 문제, 한국교육철학, Feb, vol 29.

▶ 칸트(2002), 최재희 역, 순수이성비판, 박영사.

▶ 칸트(2003), 이석윤 역, 판단력 비판, 박영사.

▶ 타나카 히로시(2002), 신광고 심리, 엘지애드 출판부.

▶ 폴 코블리(2002), 기호학, 김영사.

▶ 프로이트(1985), 설영환 옮김, 프로이트의 심리학 해설, 선영사.

▶ 프로이트(1992), 서석인 역, 정신분석학 입문, 범우사.

▶ 프로이트(Freud, S.1996), 성욕에 관한 세편의 에세이, 열린책들.

▶ 피종호(1996), 문학으로서 체계이론, 연구논문, 한국 사회학 27집.

▶ 하봉준(2002), 전략적 광고조사론, 커뮤니케이션북스.

▶ 후설(1997), 칼 슈만 편집, 최경호 옮김, 순수현상학과 현상학적 철학
　의 이념들, 문학과 지성사, pp.42 – 44, p.88, pp.214 – 215, p.573.

▶ 한국현상학회(2001), 예술과 현상학, 철학과 현실사, p.291.

▶ 화이트헤드(1991), 오영환 역, 과정과 실제, 민음사.

▶ 황지영(2004), "페미니즘 광고비평", 광고비평의 이해, 한울.

▶ 헤널트(Henault, A 2000). 기호학에로의 초대, 어문학사, pp.24 – 26.

▶ 헤르만 파레트(2002), 감성적 소통: 기호학과 미학의 만남, 한국기호
　학회, 문학과 지성사.

외국논저

▶ Adam Kupper(1994), The Chosen Primate, Havard Univ. Press:
　Cambridge.

▶ B, Lawson(2002), 'IPA Model', design studies 24, No.4.

▶ David Sless(1986), In Search of Semiotics, Croom Helm London
　& Sydney, p.124.

▶ D. O. Hebb(1966), Psychology, Sauders, Philadelpia.

▶ Ernest Nagel(1961), *The Structure of Science*, New York: Brace &
　World Inc. 1961/Karl Popper, *The Logic of Scientific Disco-
　very*, New York: Science Editions.

▶ Edell, J. &Burke, M(1984). The Moderating Effect of Attitude to-
　ward an Ad on Ad Effectiveness Under Different Processing
　Conditions, in Advances in Consumer Research, Vol.?, T. C.

Kinner, (ed.), Provo, UT: Association for Consumer Research, pp.644 – 649.

▸ Fishbein, Martin(1967), "A Behavior Theory Approach to the Relations Between Beliefs about an Object and the Attitude toward the Object" in Readings in Attitude Theory and Measurement, M. Fishbein, ed., New York: John Wiley & Sons.

▸ ______(1980), "A Theory of Reasoned Action: Some Applications and Implications" in Nebraska Symposium on Motivation 1979: Beliefs, Attitudes and Values, H. E. Howe, Jr. and M. M. Page, eds., Lincoln: University of Nebraska Press, 65 – 115.

▸ F. R. Kilpatrik(1961), Explorations in transactional psychology, NY Univ. Press, New York.

▸ Greenfield, L.(1989), Differents Worlds: A Socialogical Study of Taste, Cambridge: Cambridge Univesity Press.

▸ Greenwald, A. G.(1968), "Cognitive Learning, Cognitive Response to Persuasion, and Attitude Change" in A. G. Greenwald, T. C. Brock, & T. M. Ostrom(Eds.), Psychological Foundation of Attitudes, New York: Academic Press, pp.147 – 170.

▸ Harbermas. J(1984), The Theory of Communication Action, Vol. I. Beacon Press.

▸ Harold D. Lasswell(1978), The Communication of Ideas, New York: Harger Bargerers.

▸ Herbert E. Krugman(2000), 'Memory without recall, Exposure without perception.' Journal of Advertising Research, pp.96 – 110.

▸ Hirshhorn L.(1986), Beyond Mechanization, Cambridge: MIT Press;

Deming, W. E.(2000) Out of Crisis, Cambridge: MIT Press; Chermyerff, I(2003), Designing, New York: Graphic Inc.

▶ Holbrook. morris B. Frank, George R, Donthu, Naveen, Gardner, Meryl P(2003), How Customer Think, Journal of Marketing Research, Vol.40(Nove－mber) Issue 4, p.498, 2p.

▶ Holub, Robert C(1991), Jurgen Harbermas. Critic in the Public Sphere, Routledge.

▶ H. D. Lasswell(1971), 'The structure and fuction of Communication in Society.' in W. Schramm and D. F. Roberts eds, The Process and Effects of Mass Communication, (Urbana: University of Illinois Press)

▶ Hall S(1980). "Encoding/Decoding", in *Culture, Media, Language*, London: Hutchinson Univ. Press.

▶ Hovland(1953), C. Communication and Persuasion, New Heaven: Yale Univ. Press.

▶ J. J. Gibson(1950), The perception of the visual world, Houghton－Mifflin, Boston.

▶ J. Sperry(1969), "Interhemipsheric Relationship", Handbook of Clinical Neurology, t. 4. North Holland Publishing, Amsterdam.

▶ Ken Friedman(2002), 'Theory constrution in design', design studies 24, No.6.

▶ Krugman, Herbert E(1966/67), The measurement of advertising involvement, Public Opinion Quarterly, 30(4), pp.583－596.

▶ Langholz & Leymore, V(1975). Hidden Myth: Structure and Symbolism in Advertising, New York: Basic Books, pp.41－98.

▶ Martin Heidegger(2001), Being and Time, Translated by John Ma-cqua－rrie & Edward Robinson(Oxford UK & Combridge USA Blackwell Press), pp.131－132.

▶ M. Merleau－Ponty(1945<＝pp>), Phenomenologie de la Perception.

▶ Mcluhan, Herbert Marshall(1961), "Inside the Five Sense Sensorium", in Canadian Architect, Vol. 6, No.6, June, pp.38－40.

▶ Mcluhan, Herbert Marshall(1960), (ed.), with E. S. Carpenter, Exp-loratio－ns in Communication(Boston: Bescon Press). pp.19－20, p.136.

▶ Michael J. Spivey, Michael K. Tanenhaus(2002), 'Eye movements and spoken language comprehension: Effects of visual context on syntactic ambiguity resolution.' Cognitive Psychology 45, pp.447－481.

▶ Mulvey, L(1975). "Visual Pleasure and Narrative Cinema", Screen, Vol.16/3, London; J. Burger(1972), Ways of seeing, London: BBC & Penguin; Goffman, E(1979), Gender Advertisement, New York: Harpers & Law.

▶ Nader T. Tavassoli & Yin Hwai Lee(2003), 'The Differential Inte-raction of Auditory and Visual Advertising Elements with Ch-inese and English.' Journal of Marketing Research, Vol. XL(November), pp.468－480.

▶ Peirce(1931~1935), Charles Sanders, Collected Papers of Charles Sanders Peirce, Cambridge: Harverd University Press－Russell I. Haley and Allan L. Baldinger(2000), 'The ARF Copy research validity project.' Journal of Advertising Research, pp.114－135.

▶ Scott Koslow, Shella L. Sasser(2003), 'What is creative to Whom an Why? Perceptions in Advertising Agencies' Journal of Advertising Research, pp.49－54.

▶ Prasad A. Naik and Kalyan Raman(2003), Understanding the Impact of Synergy in Multimedia Comunications, Journal of Marketing Research, Vol. XL(November), pp.375－388.

▶ R. N. Shepard(1988), "Mental rotation", Journal of Experime－ntal Psychology, n.14, p.6.

▶ Rivka Oxman(2002), 'Thinking Eye' design studies 23, No.2

Adam Kupper, The Chosen Primate, Havard Univ. Press: Cambridge, 1994.

▶ Skocpol, T.(1984), Vision and Methode in Historical Sociology, 1/21, Cambridge: Cambridge Univesity Press.

▶ SILLAMY Norbert(1971<1967>), Dictionnaire de la Psychologie, Larous－se, p.284(319).

▶ Wright J. S & Warner, D. S.(1963) Speaking of Advertising, New York: mcGraw－Hill.

웹문서

▶ http://www.masilga.co.kr/philosophy

▶ http://kr.ks.yahoo.com/service/wiki_know/know_view.html?dnum= HAF&tnum=46877

· 저자 ·

전기순   •약 력•

    서울대학교 미술대학 응용미술과(학사)
    국민대학교 대학원 시각디자인(석사)
    홍익대학교 대학원 광고홍보학과(박사)

    (현)기초조형학회 이사
    (현)인포디자인학회 이사
    (현)일러스아트학회 이사
    (현)논문 9편, 저서 1편 및 개인전/회원전 다수
    (현)한국미술협회 삼척지회장
    (현)강원대학교 디자인대학 시각멀티미디어디자인학과 조교수

•주요논저•

    「광고표현의 차이(Different)」
    「강원도의 상징성(Symbolism)」
    「광고제작과정의 '순간체계'」
    「광고커뮤니케이션에 있어서 인지의 문화이론적 연구」
    「광고표현의 '임팩트 성'」
    「광고표현의 '빠짐'」
    「광고표현의 '의미역(意味易)디자인'」
    「웹 인터페이스의 '靜·動 디자인에 관한 연구'」
    「광고표현의 '끌림'」
    「광고유형별 여백디자인에 관한 연구」
    『고등학교 색채관리실무』

광고커뮤니케이션의 문화이론

• 초판 인쇄	2008년 11월 20일
• 초판 발행	2008년 11월 20일
• 지 은 이	전기순
• 펴 낸 이	채종준
• 펴 낸 곳	한국학술정보㈜
	경기도 파주시 교하읍 문발리 513-5
	파주출판문화정보산업단지
	전화 031) 908-3181(대표) · 팩스 031) 908-3189
	홈페이지 http://www.kstudy.com
	e-mail(출판사업부) publish@kstudy.com
• 등 록	제일산-115호(2000. 6. 19)
• 가 격	24,000원

ISBN   978-89-534-0374-1 93070 (Paper Book)
ISBN   978-89-534-0375-8 98070 (e-Book)